Craft World of R. Steiner

Vol. 7

CHRISTMAS CRAFT & ROSEWINDOWS

Thomas Berger / Helga Meyerbröker

IZARA Publishing Co., Ltd.

「クリスマスクラフト/CHRISTMAS CRAFT BOOK」by
Thomas Berger (p4~p83)
Originally published in Dutch under the title *Kerstversieringen*
ⒸUitgeverij Christfoor, Zeist 1990
Japanese translation rights arranged with
Christofoor Publishers, Zeist

「ローズウィンドウ/ROSE WINDOWS」by
Helga Meyerbröer (p84~p120)
Originally published in German under the title
Transparente Bilder und Rosetten aus Seidenpapier
Ⓒfrechverlag, Stuttgart 1989
Japanese translation rights arranged with frechverlag, Stuttgart

シュタイナー教育クラフトワールド

クリスマスクラフト
＆
ローズウィンドウ
［改訂版］

トマス・ベルガー
ヘルガ・マイヤーブレーカー 著
松浦 賢訳

クリスマスクラフト
＆ローズウィンドウ　目次

『クリスマスクラフト』　8
　　　トマス・ベルガー著

はじめに　8

1. クリスマス・キャンドル　10
　　自分で作るキャンドル
　　キャンドルに模様をつける
　　薄い層を重ねてキャンドルを飾る
　　粘土で作るキャンドルの台

2. アドヴェント・カレンダー　14
　　星のリボン
　　くるみのアドヴェント・カレンダー
　　アドヴェントのはしご

3. リースとテーブル・デコレーション　18
　　アドヴェントのリース
　　ドアに飾るリース
　　クリスマスのテーブル用のデコレーション
　　松ぼっくりのリース

4. 五角形を組みあわせて作るクリスマスのランタン　23

5. 天使を作る　25
　　羊毛で作る天使
　　天使のモビール
　　金色のホイルで作る天使

6. クリスマスの透かし絵　30
　　基本的な作り方
　　窓に飾る透かし絵

7. 麦わらで作る星　33
　　作り方の基本
　　八芒星
　　十六芒星
　　八つの八芒星のついた大きな十六芒星
　　十二芒星
　　二十四芒星と三十二芒星
　　麦わらで作る星のモビール
　　大きな六十四芒星

8. 透明な紙を折って作る星　　41
　　基本的な作り方
　　正方形の紙で作る八芒星
　　長方形の紙で作る星
　　正方形を組みあわせて作る八芒星

9. クリスマスのクリッペ　　52
　　粘土で作るクリスマスのクリッペ
　　羊毛で人形や動物を作るクリスマスのクリッペ
　　本格的な羊毛の羊の作り方

10. 透かし絵の技法で作る
　　　クリスマスのクリッペ　　58

11. 五角形の透かし絵　　64

12. 幾何学的な立体を作る　　67
　　金色のホイルで作る四面体
　　金色のホイルで作る六面体
　　金色のホイルで作る二十面体
　　金色のホイルで作る十二面体
　　金色のホイルで作る立体の星
　　麦わらで作る十二面体
　　麦わらで作る球体

13. 四面体と六面体と
　　　五角形の作図のしかた　　76
　　四面体の作図
　　六面体の作図
　　五角形の作図

14. 作品に使う材料について　　82
　　自然の素材
　　紙
　　糊と接着剤
　　ロウソクと蜜ロウ
　　そのほかの材料

『ローズウィンドウ』　84
――紙で作るローズウィンドウの世界
　　　　　ヘルガ・マイヤーブレーカー著

1. **基本的な技法**　86
　使用する紙について
　紙の色について
　基本的な作り方

2. **基本のバリエーション**　93
　その他のバリエーション

3. **星**　97
　小さな星
　小さな星のバリエーション
　大きな星
　雪の星

4. **ローズウィンドウ**　107
　ローズウィンドウ1
　ローズウィンドウ2
　ローズウィンドウ3
　十六弁のローズウィンドウ
　ゴシック式のローズウィンドウ
　ローズウィンドウを作るときの注意点

訳者解説・ローズウィンドウについて　119

クリスマスクラフトについて　121

訳者あとがき　127

- マロン
- レッド
- オレンジ
- レモン
- ライトイエロー
- カナリア
- レタス
- グリーン
- スカイ
- サックスブルー
- アクア
- ブルー
- マリン
- パープル
- ローズ
- リラ
- チェリー

はじめに
Foreword

　一年には、さまざまな季節のお祭りがありますが、なかでもクリスマスには、特別の意味があります。

　はるか昔、一年でもっとも暗くて寒い冬のさなかに、たくさんの天使が、野原にいる羊飼いたちの前に現れました。そして天使たちは、人びとが待ちこがれている救い主の誕生が近づいていることを告げたのです。

　クリスマスは地球にやってきた光、幼子イエスの誕生を祝うお祭りです。人びとは毎年、新たな気持ちでクリスマスを迎えます。

　クリスマス前の一か月は、アドヴェント（待降節）と呼ばれます。アドヴェントは、クリスマスの到来を待ち受ける期間です。ヨーロッパの人びとは毎年、11月の終わりから12月の初め頃にかけて、クリスマスの準備を始めます。

　アドヴェントは、クリスマスへの期待を少しずつ高める役割をになっています。突然当日を迎えるよりも、何日もかけてその到来を待ち受けるほうがクリスマスの感動はより高まります。

　そうはいっても、アドヴェントの期間にクリスマス気分にひたりすぎてしまうのも考えものです。なかには、12月の初めにクリスマスツリーを飾り、あかあかと照明を灯す気の早い人もいますが、これではクリスマス当日の感動が薄れてしまいます。とくに子どもには、アドヴェントの期間に、クリスマスという光のお祭りに少しずつ近づいていく感じを体験させるほうがよいのです。

　子どものいる家庭や教育の場では、この本で紹介するクリスマスの飾りを、おとなと子どもがいっしょになって作ることをおすすめします。

　アドヴェントの時期に、おとなと子どもがいっしょにクリスマスの飾りを作ることで、おのずとクリスマスの到来を待ち受ける雰囲気が生まれます。こうした雰囲気をとおして、クリスマスの精神が子どもの魂のなかで育まれていくのです。

　この本では、クリスマスのキャンドルやリースはもちろん、さらに光を通して輝く透かし絵や、

透かし絵の技法を応用した星などを製作する方法を紹介します。そのほかに、暖かい光の感じを表現する麦わらの星の製作にも、取り組んでみることにしましょう。

さらに本書の終わりのほうでは、三次元的な幾何学図形にも挑戦してみます。形態と数の世界も、クリスマスと深いつながりがあるからです。

この本で紹介するクラフト作品は、私が一人で考案したものではありません。これらの作品例は、ヨーロッパで伝統的に作り続けられてきたクラフト作品を、私流にアレンジしたものです。本書では、ヨーロッパ流のクリスマスクラフトの作り方を集大成することをめざしました。

本書で紹介したクリスマスクラフトは、少しアレンジするだけで、いくつものバリエーションを生み出すことが可能です。本書を参考に、ぜひ自分だけのオリジナル作品も作ってみて下さい。

この本は、多くの人びとの協力によって作られました。なかでも、作品例となるクリスマスクラフトの製作を手伝って下さった、オランダのツァイストのシュタイナー学校フリーエ・ショールの父兄の皆さんに感謝します。

トマス・ベルガー

1. クリスマス・キャンドル
Candles

自分で作るキャンドル

材料

蜜ロウ、または使い残りのロウソク
キャンドルの芯、または太めの木綿糸
空缶〜細めで背の高いもの
鍋
ホットプレートまたは卓上コンロなど

作り方

　溶かしたロウのなかに芯を入れて、キャンドルを作る方法を紹介します。
　まず鍋に水を入れ、お湯を沸かします。
　このお湯のなかに、蜜ロウ（または使い残りのロウソク）を入れた空缶を置き、溶かします。からっぽの空缶をお湯に入れると、浮き上がったり、ひっくり返ったりするので、かならず先に空缶のなかに蜜ロウを入れておいて下さい。
　ロウが溶けたら、鍋ごと、ホットプレートや卓上コンロの上に移します。作業中にロウがたれることがあるので、ホットプレートの下には新聞紙を敷いておくとよいでしょう。作業中にお湯が蒸発して少なくなってきたら、そのつど水を足します。
　キャンドル用の芯（または太めの木綿糸）はやや長めに切ります。芯が短いと、作業中に指を熱いロウのなかにつけてしまうことがあります。
　芯をロウにつける前に、両手で持ち、ぴんと張るようにします。このとき芯を張っておかないと、キャンドルがまっすぐになりません。

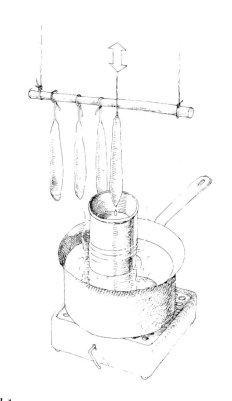

図-1

溶かしたロウのなかに芯をしばらくつけてから、引っ張り上げます。
　芯にロウがくっついたのを確認したら、ふたたび芯をロウのなかにつけます。この作業を繰り返して、芯にいくつものロウの層をつけていきます。
　作業を続けるうちに、キャンドルの下のほうに、余分なロウがたまってきます。下にたまったロウは、ときどきナイフでカットして下さい。
　キャンドルができたら、図1のように上から吊るし、ロウが完全に固まるまで数時間さまします。

キャンドルに模様をつける

材料

太めのキャンドル
キャンドル装飾用の板状のロウ〜各色
太めの編み針、またはへら

作り方

　図2のように、市販のキャンドルに好きな絵や模様をつけます。
　キャンドル装飾用のロウを小さくちぎり、指でよくこねます。ロウが暖まり、柔らかくなったら、少しずつキャンドルの上に押しつけていき、形を整えます。細かい部分を整えるときは、太めの編み針やへらなどを使います。
　ロウの色は混ぜあわせることもできます。たとえば、赤と黄色のロウを混ぜるとオレンジになります。
　ロウをキャンドルに貼りつけるときは、あらかじめ指で十分に暖めておくのがこつです。暖め方が足りないと、あとでロウがはがれてしまうことがあります。

薄い層を重ねてキャンドルを飾る

材料と道具

太めのキャンドル（わずかに黄色がかった白か、完全な白のもの）
サンドペーパー（目の細かいもの）
キャンドル装飾用の板状のロウ〜各色
太めの編み針、またはへら

作り方

　最初に下準備として、キャンドルの表面をサンドペーパーでこすって、表面をざらざらにしておきます。模様をつける作業の流れとしては、明るい色から始めて、順次暗めの色に移っていきます。
　まずキャンドル装飾用の蜜ロウを少し手に取り、指でこねて柔らかくします。柔らかくしたロウを、ほんの少しキャンドルの上に塗りつけ、指でできるだけ薄く伸ばし、透き通るような感じにします。
　次に、少し暗めの色のロウを、その上にていねいに塗ります。細かい部分を整えるには、編み針やへらを使います。
　塗りつけたロウの表面の一部を削ってくぼませたり、逆に指でつまんで引き出したりすると、浮き彫りのような立体感が出せます。
　自分で新しい色を作りたいときは、何色分かのロウを指のなかでじっくりとこねあわせます。
　この方法でキャンドルを飾る場合は、透き通るような透明感を出すのがポイントです。ですから黒や白や金や銀といった、透明感に欠ける色は使用しないほうがよいでしょう。

図-2

粘土で作るキャンドルの台

材料
粘土
キャンドル
水彩絵の具と筆
ニス

作り方
　粘土をこねて、図3のようなキャンドルの台を作ります。
　台を作るときは、かならず、垂れてくるロウを受けるくぼみの部分を作るようにして下さい。くぼみを作っておかないと、ロウが台の外にだらだらと流れ出してしまいます。
　台は、ひとかたまりの粘土から作ります。いくつかの部分を接合して作ると、乾いてから、貼りつけた部分がはがれることがあります。
　キャンドルを立てる穴の部分は、使用するキャンドルを差し込んで作ります。ただし台を乾かすときは、キャンドルは抜き取ります。キャンドルを差したまま乾かすと、粘土にひびが入ることがあります。
　キャンドルの台には、粘土が柔らかいうちにモミやヒイラギの枝を差したり、金色に塗ったドングリをはめこんだりしてもいいでしょう。ただし木の枝を差すときは、葉がキャンドルの炎のそばにこないように気をつけて下さい。
　台が完全に乾いたら、水彩絵の具で色をつけます。仕上げに、全体にニスを塗ってもよいでしょう。

図-3

2. アドヴェント・カレンダー
Advent calendars

クリスマス前の約一か月の期間は、ヨーロッパではアドヴェント（待降節）と呼ばれています。

アドヴェントは、日曜日から始まります。

正確にいうと、アドヴェントはクリスマスの四つ前の日曜日から始まり、クリスマスの当日まで続きます。最初の日曜日は、アドヴェントの第一日曜日と呼ばれ、以後、アドヴェントの第二日曜日、第三日曜日、第四日曜日と続きます。

たとえば12月24日のクリスマス・イヴが土曜日にあたる年は、アドヴェントは11月27日の日曜日から始まります。つまりこの年のアドヴェントは、まる四週間続くことになります。

クリスマス・イヴが日曜日の場合は、アドヴェントの第一日曜日は12月3日になります。この年は、アドヴェントの第四日曜日は、クリスマス・イヴの日と重なります。

ヨーロッパには、アドヴェント専用のカレンダー（advent calendar）を作り、クリスマスへの期待感を盛り上げる習慣があります。

たとえばアドヴェント・カレンダーのなかには、日付の部分がドアになっているものがあります。このカレンダーのドアを毎日一つずつあけるたびに、人びとはクリスマスが少しずつ近づいてくることを実感するわけです。

アドヴェントは、クリスマスを待ち受けるお祭りです。

「待つ」という気持ちを深く味わうことが、アドヴェントのお祭りの目的です。アドヴェントのクラフトに青が多く使われるのも、青が期待感を表す色だからです。

星のリボン

材料

ダークブルーのリボン〜幅2cm、長さ130cm
銀色のボール紙
金色のボール紙
麦わら
細い金色の糸

作り方

リボンの上に、縦に星を配置して、カレンダーを作ります。

麦わらの星は四つのアドヴェントの日曜日を表し、そのあいだに月曜日から土曜日に対応する銀の星を六つずつ配置します。つまりリボンの一番上には、アドヴェントの第一日曜日を表す麦わらの星がくることになります。

カレンダーの製作に取りかかる前に、その年のアドヴェントは全部で何日なのか数えて、必要な日数だけ星を用意しておきます。麦わらの星の作り方は、第7章を参照して下さい。

まずリボンを縦に置き、上から順に星を並べてみます。このとき、星と星の間隔が同じになるように調整して下さい。

　次に、星をリボンに接着します。このとき、接着剤は星の中心の部分につけるようにします。星のぎざぎざの部分には、接着剤をつけないで下さい。リボンに星を貼りつけたら、ピンなどで壁にとめます。

　金色のボール紙から、小さな天使の形を切り抜きます。アドヴェントの第一日曜日には、天使を一番上の麦わらの星に差します。天使は、リボンと星のぎざぎざのあいだにはさみこんで固定します。

　天使は毎日一つずつ、下の星に移していきます。このようにして、天使はクリスマスの日に向かって、少しずつ上から降りてくるわけです。

　リボンの下には、くるみの殻で作ったかいば桶（おけ）を置いたり、『ネイチャーコーナー』に登場したクリスマスのクリッペの厩（うまや）を飾るのもよいでしょう。

くるみのアドヴェント・カレンダー

材料
くるみ（アドヴェントの日数分用意する）
金色のラッカー
赤または青のリボン〜幅2cm、長さ3〜4m
くるみのなかに入れる小さなプレゼント

作り方
　夢いっぱいの、プレゼントつきのアドヴェント・カレンダーです。
　まず、くるみの殻を二つに割り、中身を取り出

図-4

します。二つに割ったくるみの殻は、ごちゃまぜにならないように、ペアにしておきます。くるみの殻の表面を、金色のラッカーで塗ります。

くるみの殻の片方に、小さなプレゼントを入れます。プレゼントの例としては、小さなベル、小人の人形、貝殻、羊のおもちゃ、羊毛で作ったウサギ、小石、蜜ロウの固まり、ビー玉、金色のホイルで作った星、ビーズなどがよいでしょう。

プレゼントを入れたら、殻の両側に接着剤をつけ、あいだにリボンをはさみながら、図4のように貼りあわせていきます。

アドヴェントの期間中は、毎日くるみの殻を一つずつ割って、なかのプレゼントを取り出します。

アドヴェントのはしご

材料

青いボール紙〜約 25cm × 35cm
木の棒〜約 0.7cm × 0.7cm × 31cm、2本
金色のボール紙
金色の色紙（星を作るためのもの）
蜜ロウ
くるみの殻
羊毛

作り方

背景となる青いボール紙の上の部分は、図5のような形にカットします。

2本の木の棒を、ボール紙の中央部に貼りつけます。木の棒は下から約1cmの高さに貼り、2本の木の棒の間隔は、約6cmにします。

この木の棒の上に、金色のボール紙で作ったはしごを貼りつけます。

はしごの支柱（1cm × 31cm）を2本、金色のボール紙から切り出します。はしごの横木（7cm × 0.4cm）は、アドヴェントの日数分、切り出します。アドヴェントの日数には、第一日曜日とクリスマス・イヴの分が含まれるようにして下さい。

まず、2本の木の棒の上に、すべてのはしごの横木を取りつける位置の印をつけます。次に、つけた印に従って、上から下に横木を貼っていきます。横木を貼り終えたら、その上にはしごの支柱を貼ります。

はしごの支柱のボール紙が木の棒からはみだしたら、きれいに折り込みます。

蜜ロウで赤ちゃんを作ります。

赤ちゃんは、蜜ロウのかたまりをこねて作ります。いくつかのパーツをつなげて作るのは避けて下さい。

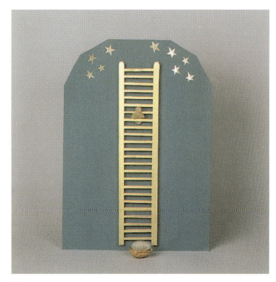

図-5

この赤ちゃんは、幼子イエスを表しています。
　はしごの下には、半分に切ったくるみの殻を置きます。殻のなかには、羊毛を入れます。これは、幼子イエスが生まれたかいば桶を表しています。
　金色の色紙を切って、小さな星を作ります。星は、アドヴェントの日数だけ作ります。
　アドヴェントの期間中は、毎日一つずつ、星を空に貼りつけます。また、このとき、赤ちゃんを上から一段ずつ、降ろしてきます。
　こうすれば、クリスマスの当日には赤ちゃんがかいば桶にたどり着き、空にはいっぱいの星がちりばめられることになります。

3. リースとテーブル・デコレーション
Wreaths and Christmas table-decorations

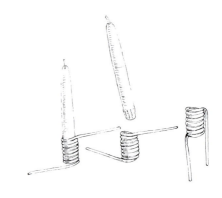

図-6

アドヴェントのリース

材料

太い針金〜太さ約2mm、長さ適宜／輪の部分用
細い針金〜太さ約1mm、長さ適宜
　　／キャンドルホルダー用
モミなどの針葉樹の枝
糸、またはひも（できればロウ引きのものを使用する）
キャンドル〜4本
青いリボン〜長さ適宜

作り方

　まず、太いほうの針金で輪の部分を作ります。針金の長さは、作りたいリースの円周の二倍以上を取ります。針金は図8・上のように二重の輪にし、端をねじって固定します。
　次に、この針金の輪に木の枝を飾ります。最初にモミの枝で、全体の基礎となる部分を作ります。
　モミの枝は、図8・中央のように輪の上に載せ、糸かひもで固定します。二つ目の枝は、最初の枝

図-7

のドに重ねあわせるようにして入れ、固定します。

この作業を何周か続けて、リース全体に少しずつ、厚みを出していきます。一周目はがっしりした枝でもかまいませんが、二周目以降は、できるだけ小さくて曲げやすい枝を載せていくようにして下さい。とくに最後は、小さな枝を載せて、表面がきれいな感じに仕上がるようにします。

細いほうの針金で、キャンドルのホルダーを四つ作ります。図6のように、細い針金をキャンドルの下のほうに数回巻きつけ、両端を下に曲げます。

キャンドルホルダーをリースに取りつけるときは、葉のあいだに埋もれてしまわないようにします。ホルダーの上のほうが、葉のあいだから覗くようにして下さい。ホルダーの両端は、リースの下でねじって固定します。

同じ長さのリボンを2本用意します。

リボンの端は、図7のようにキャンドルとキャンドルのあいだの位置に結び、上から吊るすことができるようにします。

リースを吊るさない場合は、リボンをリースに巻いて飾りにします。

ドアに飾るリース

材料
ロウ引きの糸、またはひも
針金〜太さ1.5mm、長さ適宜

図-8

図-9

葉のついた木の枝〜ヒイラギ、モミ、ツタ、カラマツ
など

作り方

　針金を使って、直径約25cmの輪を作ります（図8）。

　まず最初に、モミの枝でリース全体の基礎となる部分を作ります。図8のように、20〜25cm程度の長さのモミの枝をぐるりと取りつけます。モミの葉はたくさん載せて、針金をしっかりと引っ張って固定して下さい。モミの枝がリースの輪から突き出ないように注意します。

　モミの枝を取りつけたら、その上にほかの木の枝を載せていきます。このとき、リース全体の外観が均等になるようにします。

　ここまでできたら、さらに針金を使って、リースの上に好きな飾りを取りつけて下さい。

　リースを作るのに使用する木の枝は、大きすぎるものは避けます。木の枝は一本一本、重ねあわせるように取りつけます。また、木の葉の色の組みあわせにも気を配って下さい。

　松ぼっくりなどを飾るときは、一番下のうろこの部分に針金を巻きつけ、しっかりと引っ張ってから、リースに取りつけます。

　仕上げに、図9のようにリボンをかけて、ドアに吊るします。

クリスマスのテーブル用のデコレーション

材料

フローリスト用のフラワーブロック（オアシス）
フラワーブロックが入る大きさの缶、皿、箱など
モミの枝
針葉樹の枝（できるだけ葉が小さくて細いもの）
ヒイラギ、ツタ、シキミなどの葉
赤い木の実
松ぼっくり

作り方

　図10・上のように、缶や皿にちょうど収まるようにフローリスト用のフラワーブロック（オアシス）

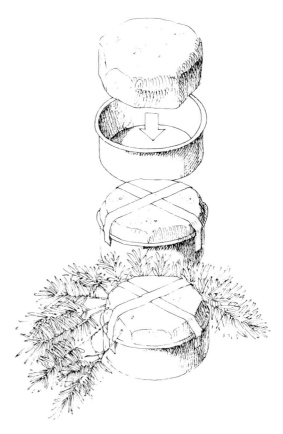

図-10

をカットします。

　ブロックは、10分ほど水につけておきます。

　ブロックを缶に入れるときは、図10・中央のように、防水性のテープで固定してもよいでしょう。

　まず基礎となるモミの枝を、図10・下のように、ぐるりと差していきます。このときモミの枝は少し下に傾けて、下の缶の部分が見えなくなるようにします。

　次に、そのほかの木の枝を、一定の角度を保ちながら螺旋状に差していきます。全体に、木の枝の配置が均等になるようにして下さい。

　上のほうにくる枝は、ほかの枝よりも若干短くしてもかまいません。あまり多くの種類の木の枝を飾ると、全体に散漫な感じになりやすいので、注意して下さい。

　最後に、シキミや、赤い木の実や、松ぼっくりなどを飾ります。キャンドルを立てるのもよいでしょう（図12）。

松ぼっくりのリース

材料
同じ大きさの松ぼっくり〜7個
細い針金
リボン

作り方
　松ぼっくりは、よく乾燥していて、うろこの部分が開いたものを使用します。

　まず、図11・上のように、松ぼっくりを7個丸く並べます。その外に針金をぐるりと回して、全体の円周の2.5倍の長さを取り、針金をカットします。

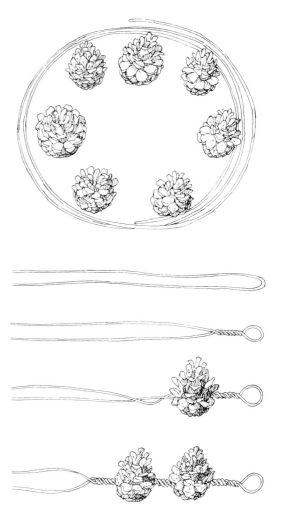

図-11

その針金を二つ折りにします。針金を曲げた輪の部分は、数回ねじっておきます。
　図11の要領で松ぼっくりを取りつけていきます。取りつけるときは、松ぼっくりの下から4分の1あたりの、うろこの部分に2本の針金を通し、松ぼっくりを固定するため数回ねじります。
　次に、同じ要領で次の松ぼっくりを固定しますが、このとき、先につけた松ぼっくりとある程度間隔をあけるようにします。松ぼっくりどうしの間隔をつめすぎると、あとで全体を曲げられなくなります。
　七つの松ぼっくりを針金に固定したら、全体を丸く曲げて、リースの形にします。針金の端は、輪の部分へねじって取りつけ、余分な部分はカットします。
　仕上げに図13のように、リースの上のところにリボンを蝶結びにして取りつけます。
　さらに、木の枝を飾ってもよいでしょう。

図-12

図-13

4. 五角形を組みあわせて作る
   クリスマスのランタン
   Lanterns

次に、図 15c の要領で、この五角形を貼りあわせていきます。図 15d のように、底にくる五角形を中心に、上へ、上へと貼っていくのがよいでしょう。

一番上の部分は、キャンドルを出し入れする口を作るために、あけておきます。一番上にくる糊しろの部分は、すべて内側に折り曲げておいて下さい。

一番上の部分と同じように、底の部分もあけておくこともできます。この場合、使用する五角形の数は 10 個になります。

この場合、底の口の部分にくる糊しろは、すべて内側に折り曲げます。

底の部分はあけておいたほうが、キャンドルの出し入れはしやすくなります。

材料
画用紙（薄手でじょうぶなもの）
キャンドル（背の低いもの）
スティック糊

作り方
五角形に切った画用紙 11 個を組みあわせてランタンを作ります。

五角形の型は、図 16 に示してあります（五角形の作り方を詳しく知りたい方は、第 13 章を参照して下さい）。

まず、画用紙に五角形の輪郭を描きます。図 14 のようなランタンにしたいときは、このとき水彩絵の具で星の模様をつけておきます。輪郭にあわせて、五角形をすべて切り抜きます。

それぞれの五角形には、図 15a のように、図 16 の点線に沿ってカッターで軽く折りしろをつけます。

折りしろに沿って図 15b のように折り、糊しろを作ります。これで、ひとまわり小さな五角形ができました。

図-14

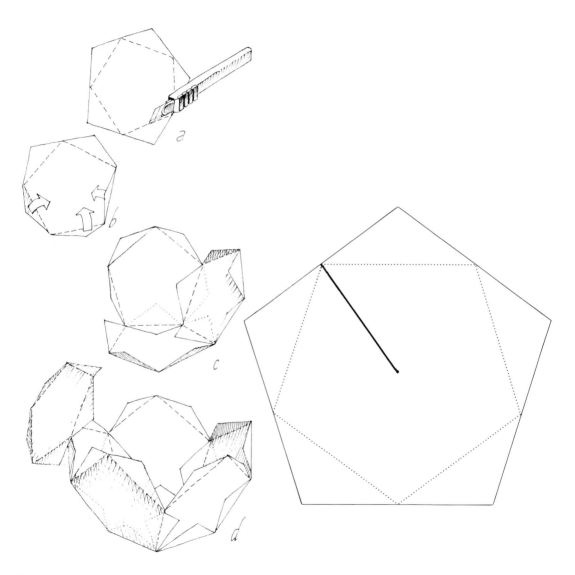

図-15 図-16

5. 天使を作る
Angels

羊毛で作る天使

材料
羊毛の束〜長さ約 45cm
金色または銀色の糸

作り方
　作業中、羊毛はハサミで切らないで、指で取り分けるようにします。
　まず、太めの羊毛の束を図 17 のように結び、両端をしっかりと引っ張って、頭を作ります。結び目を手にもち、縦にだらりとぶら下げます。
　結び目よりも上にきている羊毛を、図 18a のように、結び目よりも下に垂らし、髪のような感じに広げてから、首の部分を長めの金色の糸で縛ります。この糸の両端は結んで、図 18b のように、天使を吊るすことができるようにします。
　天使の顔になる側を下にして置きます。背中側に垂れている髪を、三つに分けます。三つの部分のうち真ん中にきている羊毛は、図 18c のように頭のほうに上げ、残りは左右に広げます。この左右の部分が翼になります。
　腕は一本ずつ作ります。腕を作るには、約 15cm の長さの羊毛の束を少し取り、この羊毛を真ん中のところでしっかりとねじり、二重に折って、手首の部分を金色の糸で縛り、手を作ります。
　もう一本の腕も同じようにして作ります。
　天使を顔を下にして置き、首の下あたりに左右の腕を置きます。この両腕の上に、上にあげておいた羊毛を図 18e のように降ろします。
　腕と羽根を上に上げて、図 18f のように、金色の糸で両腕のつけ根と腰の部分を縛ります。糸はそのまま下に垂らし、ベルトのような感じを出します。
　最後に、羽根とロープの形を整えたら完成です（図 19）。

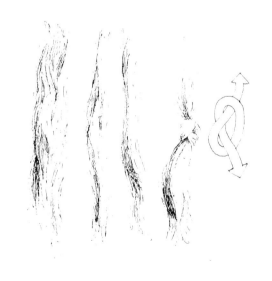

図-17

図-18

図-19

天使のモビール

材料

白い薄葉紙(うすようし)
羊毛
金色の糸
白いかがり糸
細い針金（あれば細線細工用の針金）
くるみの殻
蜜ロウ

作り方

　天使が幼子イエスを地上に連れてくる様子を、モビールで表現します。

　まず、薄葉紙を 18cm × 18cm に切ります。

　薄葉紙は、図20 のように二つの角を折り、中央

に大きめのビー玉くらいの羊毛のかたまりを置きます。そのまま二つに折り、白い糸を使って、首と両手の部分を縛ります。

さらに全体がふっくらとした感じになるように、指で天使の形を整えます。

この方法で、天使を二体作ります。

20cmの金色の糸を2本用意し、それぞれの糸の端を、一体目の天使の左右の手首に結びつけます。

図-21

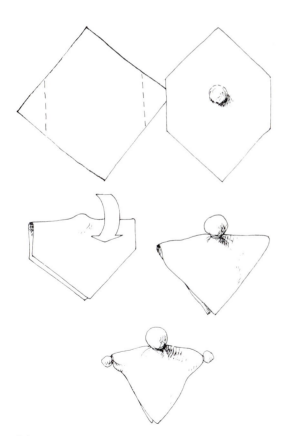

図-20

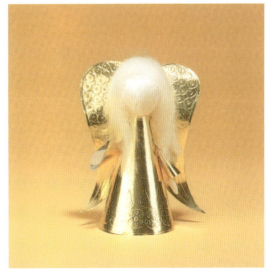

図-22

天使を作る　27

もう一方の端は、それぞれくるみの殻に接着します。

同じようにして、二体目の天使の手首にも2本の糸を結びつけ、端をくるみの殻に接着します。

針金を17cmの長さに切り、両端をペンチで曲げて、小さな輪を作ります。針金全体は、少し弓なりにそらせます。

17cmの金色の糸を2本用意し、それぞれの端を二体の天使の首に結び、もう一方の端を針金の両端の輪に結びます。

針金の中心に金色の糸を結びつけ、上から吊るすことができるようにします。

最後に、くるみの殻のなかに羊毛を入れ、そのなかに蜜ロウで作った赤ちゃんを寝かせれば完成です（図21）。

金色のホイルで作る天使

材料
白い薄葉紙
羊毛
金色のホイル

作り方
薄葉紙を10cm×10cmに切ります。

薄葉紙の真ん中に羊毛のかたまりを置き、二つに折って、首の部分を縛ります（図23）。

図24の型に従って、金色のホイルから胴体と翼と腕のパーツを切り抜きます。胴体と翼のパーツは一つずつ、腕のパーツは二つ切り抜いて下さい。

切り抜いたパーツを、柔らかめの下敷き（ボール紙など）の上に載せ、細い編み針などを使って好きな模様をつけます。

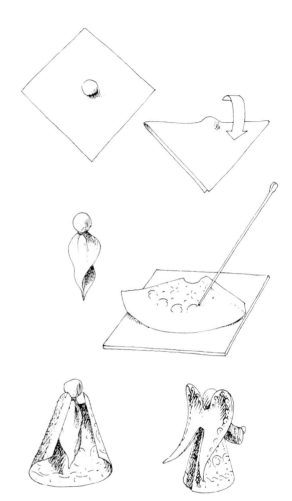

図-23

首のまわりに胴体のホイルを巻き、じょうごのような形にします。

　両腕を胴体の左右に、翼を背中に取りつけます。

　羊毛のふさで髪を作り、頭に接着します。

　最後に薄葉紙で小さな手を作り、腕の先につけます。

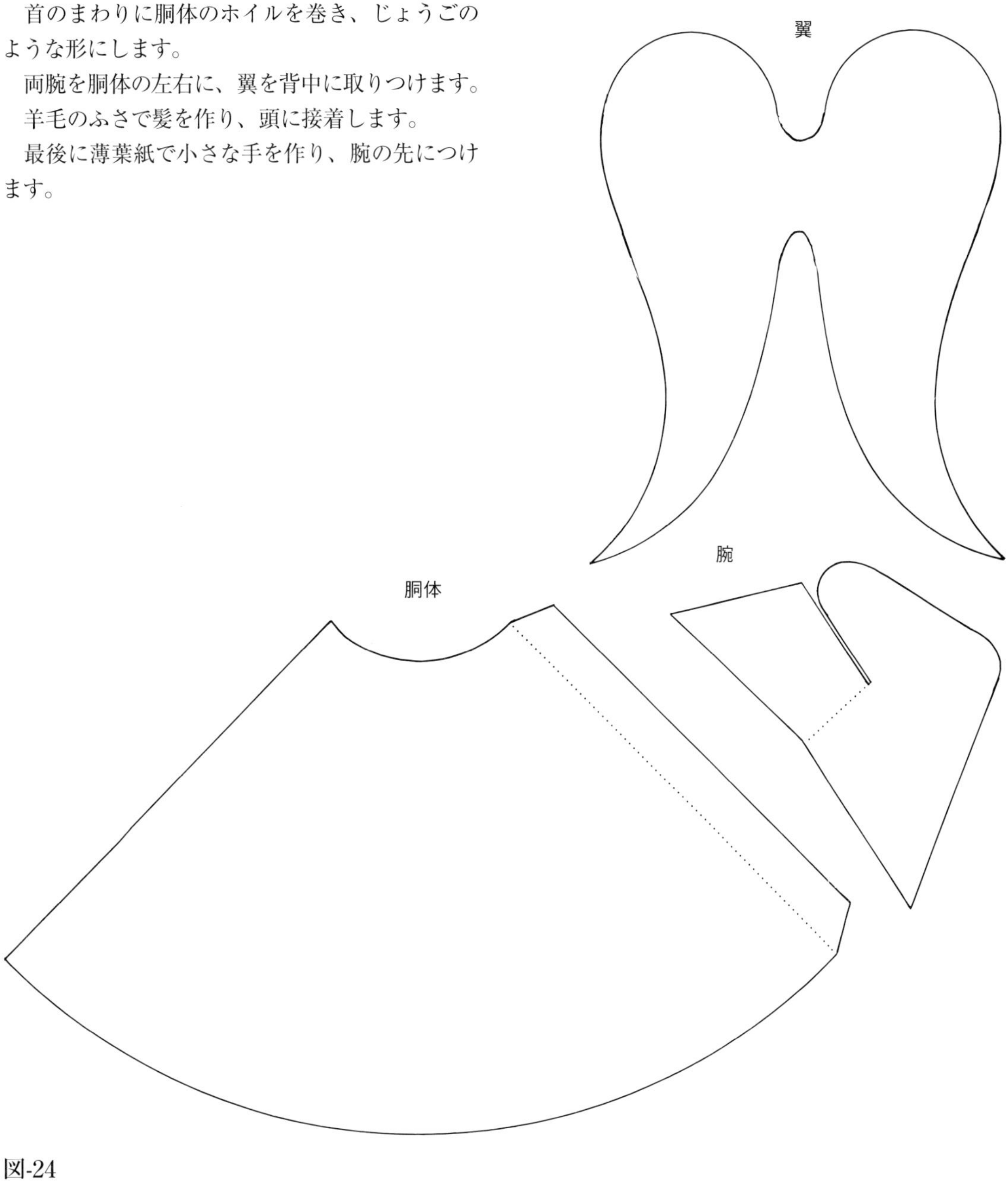

翼

腕

胴体

図-24

天使を作る　29

6. クリスマスの透かし絵
Simple transparencies

図-25

基本的な作り方

透かし絵を作るときは、下から蛍光灯で照らすようになっているデザイン用のライトテーブルか、スライド写真のチェックに使うビューアーがあると便利です。

透かし絵の製作は、白い背景の部分から始め、この上に、色のついた薄葉紙(うすようし)を重ねていきます。

二つの色の薄葉紙を重ねあわせると、思いがけないような効果を出すことができます。色と色の重ねあわせから生まれる、この微妙な色調こそ、透かし絵の最大の魅力といってよいでしょう。

薄葉紙を切るときは、まず最初に、よく尖った鉛筆で輪郭を描きます。次に、よく切れる小型のハサミを使って、この輪郭線に沿って薄葉紙を切ります。薄葉紙を切るのは、思いのほかむずかしいものです。時間をかけて少しずつ、こつをつかんで下さい。

切り抜いた薄葉紙は、糊で貼りあわせます。糊の量は、できるかぎり少なくします。糊が少しで

図-26

も固まりになっていると、そこだけが目立ってしまいます。

　薄葉紙を貼りあわせる場合、水溶性の糊を使用すると、失敗したときに簡単に拭き取ることができます。ただ水溶性の糊は、一度貼りつけた薄葉紙が時間がたつとはがれてしまうことがあるのが難点です。

　ですから製作に使う糊としては、スティック状のものを使うのがよいでしょう。

　透かし絵を窓のところに飾っておくと、薄葉紙が縮んでくることがあります。

　このようにならないようにするには、あらかじめ、窓と透かし絵のあいだにビニールのシートかラップをはさんでおくのがよいでしょう。

窓に飾る透かし絵

材料

薄葉紙〜さまざまな色のもの
トレーシングペーパー

作り方

　薄葉紙で透かし絵を作る、基本的な技法を紹介します。

　この技法のポイントは、薄葉紙の色の特性を最大限に引き出すことにあります。

　また、工夫次第で無限のバリエーションを生み出すことができるのも、この技法の特徴です。

　図25は、2枚の黄色の薄葉紙を組みあわせて作った作品です。さらに作品の表面には、白い薄葉紙が載せてあります。

　まず最初に、白いトレーシングペーパーに全体の下絵を描きます。

　次に、この下絵を部分ごとに分けて、何枚かのトレーシングペーパーに写し取ります。たとえば、天使の姿を図27のように、2枚のトレーシングペーパーに分けて写し取るわけです。

　一番下の層のトレーシングペーパーの下絵の上に、黄色の薄葉紙を置き、尖った鉛筆で輪郭線をなぞります。輪郭線のとおりに、薄葉紙を切り抜きます。

　なかを切り抜いた薄葉紙を、下から二番目の層のトレーシングペーパーの下絵の上に置き、いろいろずらしてみて、なかを切り抜いた薄葉紙の輪郭と、トレーシングペーパーの下絵がうまく合う位置を探します。

　その上に、正確に二枚目の薄葉紙を置き、二番目の層のトレーシングペーパーの輪郭線をなぞり、なかを切り抜きます。

　2枚の薄葉紙は、端の部分を数箇所、糊で貼りあわせます。さらにその上に、白い薄葉紙を載せ、端を数箇所、糊で固定します。

　天使の輪郭に近い部分で、紙がずれて動くところがあったら、ほんの少し糊をつけて固定します。

　図26は、図25の応用です。

　この作品では、図25よりも1枚、薄葉紙の層が多くなっています。つまり全部で、明るい青の薄葉紙2枚と、ピンクか藤色の薄葉紙を1枚使用します。

　基本的な作り方は、図25の作品と同じです。

　薄葉紙を貼りあわせるときは、なかを切り抜いた薄葉紙どうしの輪郭をうまく合わせることがポイントです。

　まわりの端の部分がずれても、あとでカットして、きれいに揃えればよいのです。

図-27

7. 麦わらで作る星
Straw stars

作り方の基本

材料
麦わら（図28のような色合いのもの）
ナイフ
先のとがったハサミ
アイロン

作り方の基本
　下準備として、麦わらを約一時間、水につけておきます。
　麦わらを加工する方法は二つあります。

　第一の方法は、まず麦わらの先端に近い部分に、ナイフで少し切り込みを入れます。切り込みからアイロンをかけ、麦わらを縦に切り開きながら伸ばしていきます。
　第二の方法は、麦わらを切らないで、そのまま全体にアイロンをかけます。
　第一の方法で加工した麦わらは、表側に較べて、裏側はあまりきれいではありません。このタイプの麦わらは、背景の上に貼りつける星を作るのに向いています。
　第二の方法で作った麦わらには、表と裏の違いはありません。このタイプの麦わらは、モビール用、クリスマスツリー用、あるいは窓の飾りに使う星を作るのに適しています。
　どちらの方法で加工した麦わらも、自由に太さを変えて、幅の広い麦わらにしたり、ほっそりとした麦わらにしたりすることができます。麦わらの太さを変えたいときは、ナイフを定規にあてて好きな太さにカットします。
　このようにして加工した麦わらを、作りたい星の大きさにあわせて、全体の2分の1、あるいは3分の1の長さにカットします。
　なお本書では、星を吊るすのに金色の糸を使用していますが、そのほかの色の糸（たとえば赤い糸）を使ってもかまいません。

八芒星（図28・上）

　同じ長さに切った4本の麦わらを、図30a～cの要領で重ねあわせていき、図28・上のような形にします。
　図28・上の作品では、明るい色の麦わら1本、中くらいの明るさの色の麦わら2本、暗い色の麦わら1本を使って、光芒が明から暗へ、暗から明へと段階的に移行するようにグラデーションをつけてあります。この技法は、十六芒星、二十四芒星、三十二芒星にも、そのまま応用できます。
　麦わらが重なりあう中心部に指をあてて固定し、図30bのように、麦わらの前と後ろに、交互に糸を通していきます。

図-28

図-29

麦わらで作る星 35

最後に、糸の両端を星の裏側で縛ります。

麦わらを木の板の上に乗せて、ピンなどで固定しておくと、糸を通す作業がやりやすくなります。

仕上げに、星の光芒の先端に図31のような形の切り込みを入れます。

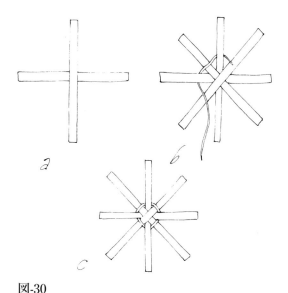

図-30

図-31

十六芒星（図28左下・右下）

先に紹介した方法で、八芒星を二つ作ります。

二つの八芒星を重ねあわせます。

二つの星を図30bと同じ要領で、縛ってあわせます。

二つの八芒星のうち、上にくるほうの星の中心部をたばねている糸は、カットしてかまいません。

八芒星を縛る糸は、図28・上のように星の中心に近い部分にきますが、十六芒星を縛る糸は、図28左下・右下のように、中心よりも外側に寄った部分にきます。慣れてくると、最初から8本の麦わらを重ねあわせて縛り、十六芒星を作ることができるようになります。

また麦わらの長さや太さを変えたり、平らな麦わらと真ん中にくぼみのある麦わらを使いわけると、違った感じの星を作ることができます。たとえば、図29・右上の作品は、太い麦わらで作った八芒星と、細い麦わらで作った八芒星を重ねあわせて作った十六芒星です。

その他のバリエーションは図33をご覧下さい。

八つの八芒星のついた大きな十六芒星（図34）

短くて太い麦わら4本と、長くて太い麦わら4本を使って、図34のような大きな十六芒星を作ります。大きな十六芒星の中心から飛び出している八つの先端部分は、図34よりももっと長く伸ばしてもかまいません。

次に、大きな十六芒星の長く飛び出した八つの先端部分に、それぞれ細い麦わらを3本ずつ縛り、小さな八芒星を作っていきます。小さな八芒星の四番目の麦わらは、大きな十六芒星から伸びてい

る八つの先端の部分をそのまま使用します。

十二芒星（図29・左上）

2本の麦わらを、それぞれ全体の3分の1ずつの長さに切り、6本の麦わらを用意します。

6本の麦わらを、図32のように重ねていきます。まず最初に、縦に麦わらを置き、その上に麦わらをX字に重ね、さらにもう一度、X字に重ねます。最後に左右に水平になるように麦わらを置きます。このとき、最初に縦に置いた麦わらと、最後に水平に置く麦わらが直角に交わり、きれいな十字の形ができるようにします。この十字のあいだに、4本の麦わらをはさみ込むようにするわけです。

縛る糸は後ろからもってきて、まず、最後に置いた水平方向の麦わらの上を通してから、いままでと同じように糸が交互に上と下にくるよう、ぐるりと通していきます。

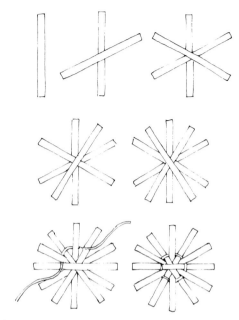

図-32

二十四芒星と三十二芒星

二十四芒星を作るには、先に紹介した十二芒星を二つ重ねて、いままでと同じ要領で糸を通し、縛ります。余分な糸はカットして下さい（図29・左下）。

三十二芒星も、二十四芒星と同じようにして作ります。ただしこの場合は、十六芒星を二つ重ねます。八芒星を四つ重ねて、三十二芒星にすることもできます（図29右下・図33）。

麦わらで作る星のモビール

ダビデの星に十二芒星を12個吊るし、モビールを作ります（ただし図36の作品例は撮影の都合上、十二芒星は11個しか下がっていません）。

このモビールはクリスマス（12月25日）からエピファニー（東方の三博士のお祭り・1月6日）にかけて作るのがよいでしょう。

まず、クリスマスの日にダビデの星を作り、それ以降は毎日一つずつ、十二芒星を作り、ちょうどエピファニーの日に完成するようにします。

図-33

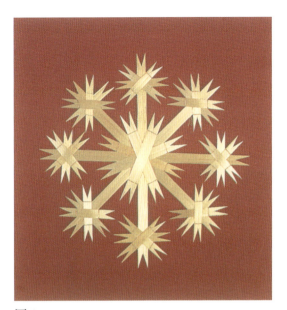

図-34

図-35

図-36

図37bのようなダビデの星を作ります。

切り開いていない、丸のままの麦わらを6本、水に濡らします。

図37aのように、3本の麦わらを、それぞれ一箇所ずつが上に重なるように置いて縛り、正三角形を作ります。

残りの3本の麦わらで、同じような正三角形を作ります。

図37bのように二つの正三角形を重ねあわせて、縛ります。これでダビデの星の完成です。

ダビデの星に四箇所、糸をつけ、図36のように上から吊るします。

切り開いていない、丸のままの麦わらにアイロンをかけて、平たくします。切り開いていない麦わらには適度な重みがあるので、このほうがモビールに吊るすには適しているのです。

この麦わらで十二芒星を12個作り、ダビデの星に吊るします。

大きな六十四芒星

図35の六十四芒星は、32本の切り開いていない、丸のままの麦わらを使って作ります。麦わらにアイロンはかけません。

今回は、麦わらが乾かないうちに作業を行うのがこつです。濡れているほうが、麦わらはしなやかで、こわれにくいからです。

8本の麦わらを重ねあわせて縛り、十六芒星を作ります。

さらに8本の麦わらを使って、同じような十六芒星を作ります。

この二つの十六芒星を、星の光芒の部分がうまく噛みあうように、重ねあわせて縛ります。

これで三十二芒星の完成です。

まったく同じ方法で、もう一つ、三十二芒星を作ります。

二つの三十二芒星を重ねあわせて、縛り、六十四芒星を作ります。

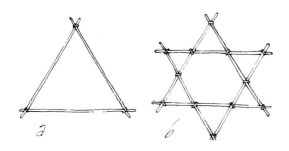

図-37

8. 透明な紙を折って作る星
Folded transparent stars

基本的な作り方

材料
半透明のカイトペーパー（トランスパレント紙）、
　薄葉紙など
クラフト用の糊（乾いてから透明になるもの）
両面テープ
カッター、ナイフなど

透明な紙を一枚ずつ折って、星の光芒を一つ作り、この光芒を貼りあわせて、星の形にします。
紙は、薄葉紙やカイトペーパー（西洋凧に使う紙）を使用します。薄葉紙は色があせやすいのが難点です。とくに窓に飾る場合、日光が当たると、それだけ早く薄葉紙の星は色あせます。カイトペーパーは薄葉紙よりも、色があせにくいのが特徴です。しかも、カイトペーパーは薄葉紙よりもじょうぶなので、作業はしやすくなります。
何枚もの紙を重ねあわせることで、星はできあがります。ですから、暗い色の紙はできるだけ避けるようにします。黄、オレンジ、薄い緑、薔薇色などの比較的淡い色合いの紙がよいでしょう。

星は、あまり小さくしないようにします。小さい星は、紙を正確に折るのが難しいからです。この章で紹介している星の直径は、すべて20cmです。
この場合、一つひとつの光芒の部分を形作る紙の大きさが重要な意味をもちます。紙の大きさが変わると、全体的な星の形も変化します。たとえば図48と49の場合、製作に使う紙の横幅は、それぞれ7.5cmと4.5cmです。
製作に使用する紙の大きさに関しては、以下の点を確認して下さい。

長方形の紙を使用するとき
（たとえば10cm×7.5cm）
この場合、星の大きさは、紙の縦の長さで決まります。縦の長さを20cmにすると、星の大きさも倍になります。

正方形の紙を使用するとき
（たとえば7.5cm×7.5cm）
この場合、星の大きさは、正方形の対角線の長さで決まります。たとえば一辺の長さが7.5cmの正方形の場合、対角線の長さは10cmよりも少し長くなります。つまり、対角線の長さは、ほぼ〈正方形の一辺の長さ＋一辺の長さの3分の1強〉になります。

大ぶりの薄葉紙やカイトペーパーを入手したときは、一枚の紙から製作に使う紙が何枚取れるか、あらかじめ考えておかなくてはなりません。
たとえば75cm×102cmの紙からは、10cm×7.5cmの長方形の紙は100枚、7.5cm×7.5cmの

正方形の紙は 130 枚取れます。

　星を作るのに使用する紙は、すべて正確に同じ大きさに切り取って下さい。

　そのためには、まず大ぶりの紙を、きちんと折り目をつけて、正確に二つに折ります。次によく切れるカッターで、折り目のとおりに切ります。

　さらにこの 2 枚の紙をそれぞれ二つに折ってから、カッターで切ります。必要な大きさの紙が取れるまで、この作業を何度も繰り返します。カッターの代わりに、紙の裁断機を使用すると、作業は楽になります。

　好きなサイズの長方形の紙を取りたいときは、全体の寸法を計算した上で、大ぶりの紙の端を必要な長さだけカットしてから、作業に移るとよいでしょう。

　紙は、できるだけ正確に折るようにします。ほんのわずかな狂いも、最後に作品になると、はっきり目立ってしまいます。

　折り目は、きちんと折って下さい。

　図 46b 〜 c のように二回折るときは、最初の折り目は中心の線にこないようにし、1mm 程度隙間を作って下さい。そして二回目の折り目をつけるときに、両側から折り曲げてきた箇所をぴったり合わせるようにします。

　折った紙を貼りあわせて星の形にするときには、スティック糊のような、乾くと透明になる糊を使用します。透明でない糊を使うと、星を飾ったとき、糊の部分が目立ってしまいます。また糊は、あまりつけすぎないようにして下さい。

　できあがった星は、両面テープで窓に貼りつけて飾ります。両面テープは、星の透けて見えない部分に貼ります。

　このとき、両面テープはできるだけ細く、短く切って使うようにして下さい。両面テープが太くて長いと、あとで窓からはがすとき、星を壊してしまうことがあります。

正方形の紙で作る八芒星

基本的な八芒星の作り方

正方形の紙は、対角線の部分で折ります。
紙の大きさの例は、7.5cm × 7.5cm です。
手順は以下のとおりです。

図-38

図-39

図-41

図-40

図-42

透明な紙を折って作る星　43

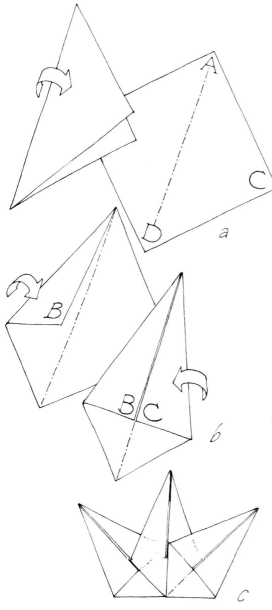

(1) 図43aのように、対角線の部分を折り、一度開きます。
(2) 図43bのように、BとCを折り目線のところまで折ります。BとCの部分は、糊を少しつけて固定します。
(3) 8枚すべて、図43bの状態に折ったら、図43cのように貼りあわせていき、図38のような星の形にします。

バリエーション1　十芒星（図39）
　十芒星を作るには、図43cの段階で、紙と紙を貼りあわせる部分を増やします。
　中心には、図39のように、光線が発するような模様ができます。

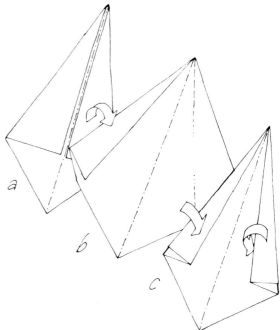

図-43　　　　　　　　図-44

44　クリスマスクラフト

バリエーション2　八芒星（図40）

基本的な八芒星の変形です。

図44aまで折ったら、一度開き、谷になった折り目のところまで、図44bのように折ります。次に、さらにもう一度、図44cのように、なかに向かって折り込み、糊で固定します。

8枚とも折ったら、図43cの要領で貼りあわせていきます。

バリエーション3・4　五芒星（図41）と十芒星（図42）

紙を5枚使用する、図40の八芒星の変形です。

図41の五芒星を作るには、図43cの要領で紙と紙を重ねあわせるときに、貼りあわせる幅をもっと狭くします。たとえば7.5cm×7.5cmの紙を使

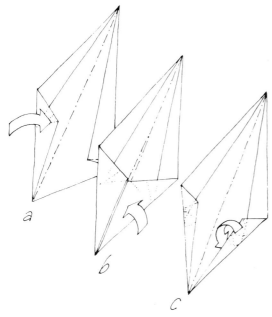

図-45

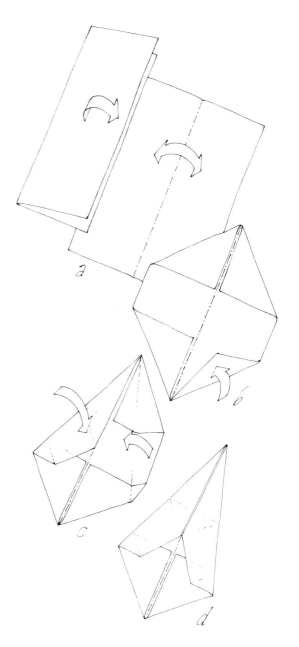

図-46

う場合、重ねあわせる部分の幅は、10～12mm程度にします。このようにして重ねあわせた部分が、図41の真ん中から広がっていく5本の模様になります。

使用する紙を10枚にすると、図42のような十芒星ができます。

十芒星を作るもっとも簡単な方法としては、図41の五芒星を二つ作って貼りあわせます。

もう一つの方法としては、まず図41の五芒星を作り、残りの5枚の紙を1枚ずつ貼っていきます。

バリエーション5　十一芒星（図47）

紙は11枚使用します。

まず、紙の上の部分を、図44と同じ要領で折り込みます。

さらに下の部分を、図45a・bのように対角線のところまで折り、さらに図45cのように、なかに折り込みます。

紙と紙を貼りあわせる部分の幅は、図47を参考にして下さい。

長方形の紙で作る星

基本的な八芒星（図48）

長方形の紙は、縦に折ります。

図48の八芒星は、10cm×7.5cmの紙を使用しています。

長方形の紙で星を作る基本的な手順は、以下のとおりです。

図-47

図-48

（1）図46aのように紙を縦に折り、一度開きます。
（2）図46bのように上と下の部分を折ります。このとき紙の角の部分に、少し糊をつけます。
（3）さらに上のほうだけ、図46cのように折ります。上のとがった側が、星の光芒の部分になります。
（4）図43cと同じ要領で、紙を貼りあわせて、星の形を作ります。

バリエーション1（図49）

　基本的な八芒星の紙の寸法を、10cm × 4.5cmに変えるだけで、図49のような八芒星になります。

図-50

図-49

図-51

透明な紙を折って作る星　47

バリエーション2（図50）

図52aのように紙を縦に折り、開きます。

今回は、図52bのように上の部分だけ折ります。上の部分を折ったら、一度開いて、図52cのように、谷になっている折り目のところまで折り、さらにもう一回、図52dのように折ります。折った箇所は糊で固定します。

8枚すべて折ったら、図52・左下のように、まず4枚を90度の角度に、十字の形に貼りあわせます。次に、残りの4枚を十字の形の光芒のあいだに45度の角度で貼りつけていき、図50の星を作ります。

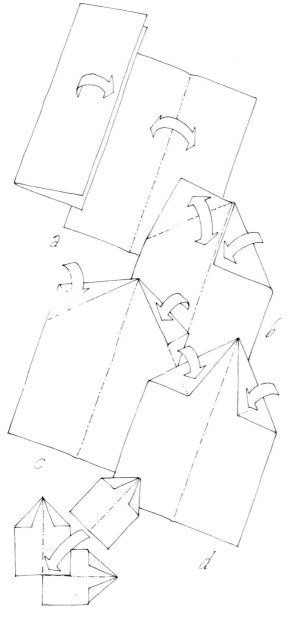

図-52

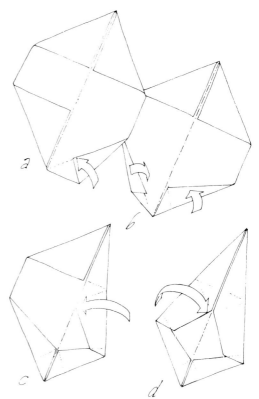

図-53

図-54

図-56

図-55

図-57

透明な紙を折って作る星　49

バリエーション3（図51）

紙を図46a・bのように折ります。

下の部分を一度開き、図53aのように、谷になっているところまで半分折り、さらに図53bのように、もう一度折ります。

上の部分を、図53c・dのように折ります。

8枚を貼りあわせて、図51の星を作ります。

バリエーション4（図54）

紙を図46a・bのように折ります。

下の部分を開き、図58a・bのように、角の部分を谷になっているところまで折り、さらにもう一度、折ります。

上の部分を、図58c・dのように折ります。

8枚を貼りあわせて、図54の星を作ります。

十六芒星（図55）

まず図46の方法で、紙を16枚分、折ります。

折った紙は、図43cと似た方法で貼りあわせていきます。

一枚目の紙に二枚目の紙を、45度の角度で貼りあわせたら、そのあいだに、さらに三枚目の紙を貼ります。

続いて、この三枚目の紙に45度の角度になるように四枚目の紙を貼り、二枚目の紙に45度の角度になるように五枚目の紙を貼ります。

今回は貼りあわせる紙の枚数が多いので、できるだけ明るい色の紙を使って下さい。

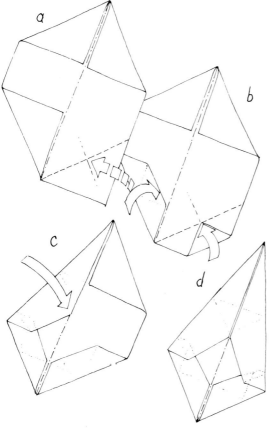

図-58

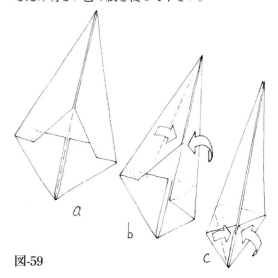

図-59

鋭い光芒の八芒星（図 56）・十六芒星

　基本的な作り方は図 48 の八芒星と同じですが、使用する紙の大きさと紙の折り方が異なります。

　　使用する紙の大きさは、10cm × 3.7cm です。
　　まず図 46 の方法で紙を折ります。

　次に図 59b のように、縦に紙を折り込みます。下の部分はそのままにしておきます。今回のように光芒が細長い八芒星を作るときは、大きめの定規を使うと作業がやりやすくなります。

　鋭い光芒の十六芒星は、この折り方で紙を 16 枚折り、貼りあわせて作ります。または、バリエーションとして、図 59c のように下の部分も折り込んだ紙を貼りあわせます。

正方形を組みあわせて作る八芒星

　10cm × 10cm の紙を 8 枚使用して、図 57 のような八芒星を作ります。

(1) 図 60a のように、紙を中央で折り、開きます。
(2) 四つの角を中心まで折り、図 60b のようなＡＢＣＤの四角形を作り、折り目をつけて一度開きます。
(3) 図 60c のように、四隅の三角形になった部分を半分折り込んでから、ふたたびＡＢＣＤの四角形に折ります。
(4) さらにＢとＣを、図 60d のように、中心の線まで折り、図 60e のようにします。
(5) 折った紙を、図 43c の方法で貼りあわせていきます。

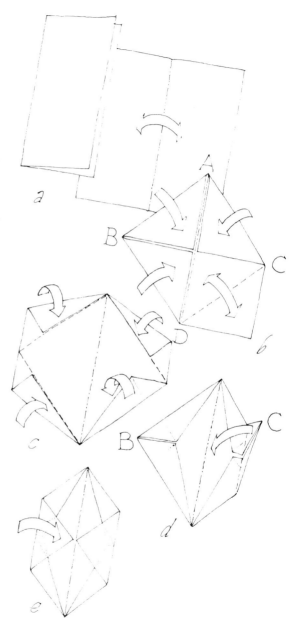

図-60

9. クリスマスのクリッペ
Christmas stables

クリッペとは、幼子イエスが誕生した厩(うまや)の情景を粘土などでジオラマ風に表現するものです。ヨーロッパでは、クリスマスのシーズンになると、教会や家庭にクリッペを飾る習慣があります。ちなみにクリッペという言葉は、ドイツ語でかいば桶(おけ)を意味します。

クリッペを製作するには、まず厩を作り、イエスの父ヨセフ、イエスの母マリア、幼子イエス、さらに羊飼いや羊の群れなどを飾ります。

ここでは、粘土で作るクリッペと、羊毛で作るクリッペの二つを紹介することにしましょう。

粘土で作るクリスマスのクリッペ（図61）

まず、粘土で、図61のような厩を作ります。
厩を飾るには、その周囲に幼子イエスの誕生を表現するのに、ふさわしい雰囲気を整えなくてはなりません。
まず暗い茶色か緑色の布を敷き、その上に石や苔や松ぼっくりなどを置きます。
木を作るには、粘土のかたまりに、針葉樹の小枝をそのまま刺します。

このようなクリッペは、もちろんクリスマスの直前に作ってもよいのですが、もう一つの方法として、アドヴェント（クリスマス直前の四週間・待降節）の日曜日ごとに、子どもといっしょに作るのもよいでしょう。
最初の日曜日には、粘土で厩を作ります。
次の日曜日には、そのまわりに木などを配置します。
三番目の日曜日には、羊を何頭か作ります。
四番目の日曜日には、ヨセフやマリアや羊飼いなどの人物を作ります。
そしてクリスマスの日に、天使と幼子イエスを作ります。

図-61

人物は、かならず一かたまりの粘土から作るようにします。腕や脚や頭を別々に作って胴体に取りつけると、粘土が乾いたとき、はがれてしまうことがあります。

　厩や人形には、粘土が乾いてから、水彩絵の具で色をつけるのもよいでしょう。

羊毛で人形や動物を作るクリスマスのクリッペ

材料
紡いでいない羊毛～白と茶
ニット地のコットン～ピンク
布とフェルトのはぎれ
毛皮のはぎれ

作り方
　クリッペに飾る人形を作るには、まず最初に、よく梳いた白い羊毛のふさを、図62aのように長さ約9cmのロール状にしっかりと巻きます。

　次に首の部分を縛り、図62bのように、全体を人形の形に整えます。

　図62cのように頭部をニット地のコットンで覆い、首の部分を縛ります。

　厚手のウールの布かフェルトを使って、図62dのように人形の胴体の部分をぴっちり覆う服を着せて、図62eのように人形を立たせます。服の首の部分には、ギャザーを寄せて下さい。

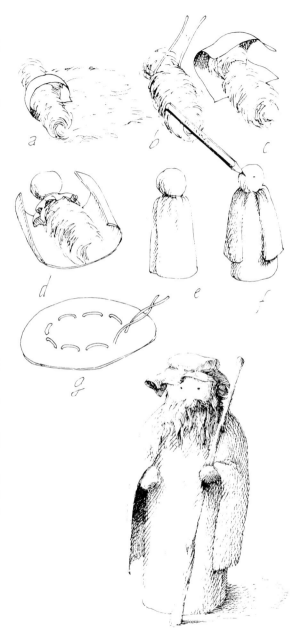

図-62

マリアの作り方

マリアを作るときは、羊毛の胴体の上にフェルトの赤いローブを着せ、さらにその上に、四角い布かフェルトで作った青いマントを着せます。マントは、首のあたりにひだを寄せ、頭と首の部分に縫いつけます（図62f）。

手は羊毛を丸め、ニット地のコットンで覆って作ります。手はマントの袖の部分に縫いつけます。

目と口は色鉛筆で描きます。

ヨセフと羊飼いの作り方

ヨセフと羊飼いには、布か毛皮のマントを着せます。マントは首の部分と、前面の真ん中あたりに縫いつけます。縫いつけたあとで、マントと胴体のあいだに棒を挿入してもかまいません。

ヨセフと羊飼いには帽子をかぶせます。帽子は、丸く切ったフェルトに、図62gのようにギャザーを寄せて作ります。帽子は、羊毛で作った髪といっしょに頭に縫いつけます。

幼子イエスの作り方

幼子イエスの作り方は、ほかの人形と同じですが、少し小さめに作って下さい。頭を作ったら、胴体を明るい色のフランネルの布かフェルトで覆い、縫いつけます。

羊の作り方

羊を作るには、まず羊毛を長方形に伸ばし、端から巻いていきます。

次に羊の腹部にあたる巻きおわりの部分を縫い、さらに両端を縫います。両端を縫うときは、太めの針を使うと作業がしやすくなります。

全体の3分の1にあたる部分を縛り、胴体と頭を分けます。

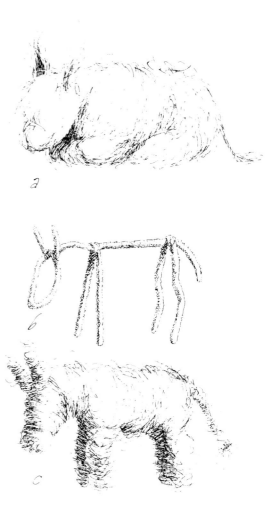

図-63

全体を刈り込んでいき、羊の形に整えます。

最後に、革かフェルトで耳を作り、頭に縫いつけます（図63a）。

牡牛とロバの作り方

牡牛やロバは、パイプクリーナーで図63bのような骨組みを作り、羊毛を巻いていきます。牡牛は図63a、ロバは図63cのような形に整えます。必要な箇所は、針と糸で縫いつけます。

牡牛やロバには、明るい茶色の羊毛を使うと、それらしい感じが出ます。

羊毛を使った人形や動物を飾るには、粘土の厩（うまや）よりも、木で作った厩が合います。

厩は、木の皮や小枝を釘で打ったり、貼りあわせたりして作ります。屋根には、一枚の大きな木の皮を使います。さらに厩の内部とまわりを、藁（わら）や苔や植物や石などで飾ります。

本格的な羊毛の羊の作り方（図65）

材料

パイプクリーナー～4本
紡いでいない羊毛～白
かがり糸
かぎ針～3号
古いハサミ、またはペンチ
糊

作り方

羊毛を使った、本格的な羊の作り方を紹介します。この羊には、一体あたり4本のパイプクリーナーを使います。

まず最初に、パイプクリーナーの一方の端を図64aのようにねじって、頭を作ります。首は、図64aの矢印の部分のように曲げて下さい。

二本目のパイプクリーナーを、図64aのように、一本目のパイプクリーナーにぐるりと巻きつけて、前脚を作ります。後脚も同じように巻きつけます。なお、この段階では、まだ前脚と後脚の長さを切り揃えないで下さい。脚の長さは、羊の脚に羊毛を巻いてから調整します。

さらに全体の骨組みを補強するために、四本目のパイプクリーナーを、図64bのように頭から背骨、しっぽのほうへとぐるぐる巻いていきます。一本目のパイプクリーナーのしっぽの部分は、図64bのように前のほうに曲げ、胴体に巻きつけてしまいます。その代わりに、四本目のパイプクリーナーの端を伸ばしてしっぽにします。

図64cのように、羊毛を胴体から巻いていきます。羊毛は、まず胴体から頭のほうへ巻き、次に胴体からしっぽのほうに巻いていきます。全体に十分な厚みが出るまで、何度も巻きます。あとでほどけないように、羊毛は最後まで、しっかりと巻いて下さい。なお鼻の先には、図64cのように、羊毛を巻かないで、パイプクリーナーの骨組みを残しておきます。

さらに肩と太ももの部分に羊毛を足します。肩の部分は、左側の肩のあたりで羊毛の端をしっかりと押さえ、図64cの矢印のように巻いていきます。羊毛はあまり、きつく巻かないで下さい。また、背中の部分は羊毛が平らになるようにします。太ももにも、肩の部分と同じ要領で羊毛を巻きます。

鼻の作り方

かがり用の針に羊毛のふさを通し、図64cのように、鼻の輪になったところに通します。さらに鼻の前のほうに羊毛を巻きます。このとき羊毛を巻きすぎると、頭がぼってりとした感じになってしまうので注意します。

しっぽの作り方

しっぽのあたりの羊毛は、一度後脚のほうにすべて寄せ、しっぽの骨組みがむきだしになるようにします。次に、羊毛をしっぽの半分のところまで巻きます。

パイプクリーナーを、いま羊毛を巻いた半分のところで曲げます。このとき、しっぽの端に羊毛がくるようにして下さい。

さらにしっぽ全体に羊毛のふさを巻きつけ、形を整えます。

脚の仕上げ

脚のつけ根に近い部分の、胴体の羊毛を少し押し上げて、脚の骨組みをむきだしにします。

次に羊毛のふさを、脚の上から真ん中あたりまで巻いていきます。

ここで、脚の下半分に少し糊をつけ、さらに羊毛を巻きます。糊が乾いたら、ペンチなどを使って脚の長さを切り揃えます。

耳の作り方

図64dのように、2本の指に羊毛を規則正しく巻いていき、取り外します。

両方の耳をつけたい位置に、かぎ針をそっと差し込み、頭のなかを通します。

かぎに羊毛を巻いて作った耳をひっかけて、頭の反対側を指で押さえるようにしながら、かぎ針

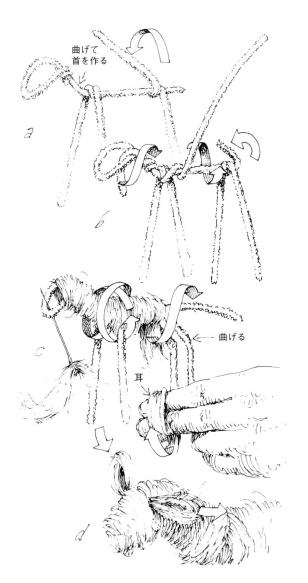

図-64

を抜き取ります。
　指で耳の形を整えます。
　仕上げに耳をだらりと下に垂らして、針と糸で固定します。

　なお、この羊の作り方を応用すれば、ロバや牡牛を作ることもできます。

図-65

10. 透かし絵の技法で作る
クリスマスのクリッペ
Transparencies with partitions

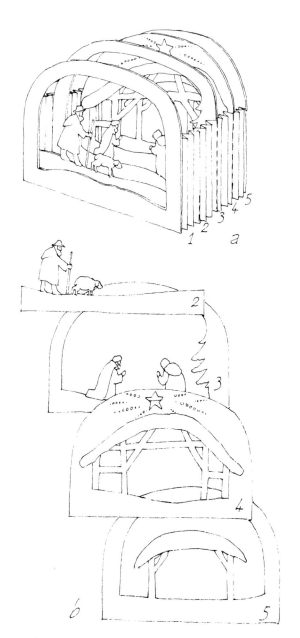

作り方の基本

材料
金色の厚紙（前面の外枠用）
白い厚紙～厚手のもの（後ろの外枠用）と薄いもの
　（中枠用）
いろいろな色の透明な紙～薄葉紙など
トレーシングペーパー
糊
青い紙～A4サイズのもの2枚（青い薄手のレター
　ペーパーでもよい）

作り方
　透かし絵の技法を生かした、クリスマスのクリッペの作り方を紹介します。今回紹介するクリッペでは、2枚の外枠のあいだに何枚かの中枠をはさみ、奥ゆきのある情景を表現します。二つの外枠には、中枠よりも厚手の厚紙を使います。
　作品を飾るときは、明かりを後ろに立てるのが基本ですが、前に置いてもかまいません。

図-66

図67と70の作品は、同じ方法で作ります。
　図67の作品では、金色の前面の外枠の次に、第一の中枠がきます。その次に地面の部分だけの第二の中枠がきて、そのあとに背面の外枠がきます。
　図70では、二つの外枠のあいだに、三つの中枠をはさみこみます。最初の中枠は、地面の部分だけ作ります。
　図68の作品は、基本的には図67や70と同じようにして作りますが、中枠の作り方が、ほかの二つと少し異なっています。

　前と後ろの外枠のあいだに、中枠を何枚はさみこむかは、作りたい作品の下絵を描いて決めます。
　たとえば図70の作品では、左側の部分は、前から順に、一人目の羊飼い・二人目の羊飼い・マリアという三人の人物が、だんだんと奥に入っていくように作られています。つまりこの場合、三つの中枠が必要になります。
　このように、全体の構図にあわせて中枠の数を決める、という点が重要なポイントです。
　もちろん三つ以上の中枠を使った作品を作ることも可能ですが、機械的にただ枠の数だけ増やしても見ばえのする作品ができるとはかぎりません。

　まず、すべての作品に共通する、基本的な手順について解説しましょう。
　作品作りは、全体の下絵を描くことから始めます。下絵は、作りたい作品と同じ大きさに描きます。標準的なサイズは、縦20cm×横25cm前後です。
　次に下絵を見て、何枚の中枠が必要か考えます。
　このとき、作業をしやすくするために、中枠には前から順に番号をつけておきます。作品作りに慣れないうちは、中枠ごとに別べつの下絵を描いて組みあわせてみて、人物などがうまく合うかどうか、確かめておくとよいでしょう。
　なお、中枠の地面の部分は、後ろにくるごとに、少しずつ上にせりあがってくるようにし、奥ゆきのある感じを出します。

　色のついた透明な紙を、それぞれの枠のなかにどのように配置するか、決めます。
　金色の厚紙を切り、前面の外枠を作ります。
　前面の外枠は中枠よりも、少し大きめにします。
　中枠と後ろの外枠は、白い厚紙で作ります。後ろの外枠には、中枠よりも厚手の厚紙を使います。枠は、後ろにくるほど、前の枠よりも少しずつ小さくします。
　枠を作ったら、図66bのように、それぞれの枠ごとに厩や木や星などの形を切り抜きます。

　人物や動物は、枠とは別に切り抜いて、あとから枠に貼ったほうが作業はしやすくなります。
　人物は、ややほっそりとした感じに切り抜き、その上に薄葉紙の服を貼ります。薄葉紙の服は、ハサミで切り抜くよりも、図70のように手でちぎったほうが、暖かくて素朴な感じが出ます。服は適当に折り目やひだをつけながら、人物の上に貼りつけます。とくに図67のような作品の場合は、人物の服に波がうねるような感じのひだをつけると、画面が生き生きとしてきます。服は、厚紙の部分よりも、少し外にはみ出るようにして下さい。
　図70で、左端に杖をもって立っている人物と、ひざまずいておがんでいる二人の人物が羊飼いです。羊飼いを厚紙で作り、上に薄葉紙の服やマントを貼ります。羊飼いの杖は、厚紙の枠からじかに切り抜くのはむずかしいので、服を着せてから、別に切り抜いた杖を手の部分に貼りつけます。

図-67

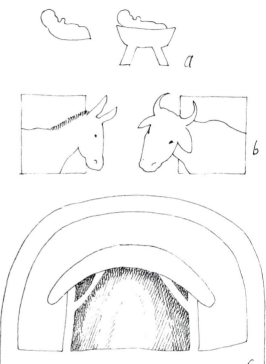

図-68

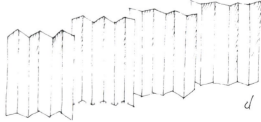

図-69

図-70

透かし絵の技法で作るクリスマスのクリッペ　61

幼子イエスとゆりかごは、図69a のように厚紙で作り、薄葉紙を貼ります。
　マリアとヨセフは、図70 を参考に厚紙で作り、薄葉紙の服を貼っておきます。
　牡牛とロバは、全身を作らず、目に見える部分だけを図69b のような形に切り抜きます。牡牛とロバは、やや大きめに作り、人物と同じように、上に薄葉紙を貼ります。
　羊は、図70 のような形に切り、しわを寄せた薄葉紙を貼りつけます。

　人物と動物ができたら、中枠全体に薄葉紙を貼ります。
　図66b の2 の中枠には、地面の部分に、草と苔を表す緑と黄緑の薄葉紙を貼ります。薄葉紙は、中枠の地面よりも上にはみだすようにして下さい。
　図66b の3 の中枠にも、同じように、地面に緑と黄緑の薄葉紙を貼ります。右端の木にも、幹には茶色、葉には緑と黄緑の薄葉紙を貼ります。葉の部分の薄葉紙は、厚紙から少しはみ出るようにします。また左右に、さらに緑の薄葉紙を貼って、もっと木があるように見せることもできます。
　図66b の4 の中枠は、まず、空の部分に青い薄葉紙を貼ります。糊が乾いたら、星と光芒の部分をカッターで切り、星と光芒の部分に裏から明るい黄色の薄葉紙を貼ります。厩の柱や天井の部分には、黄色の薄葉紙を貼ります。この場合も、薄葉紙は厚紙から少しはみ出るようにします。厩の柱や天井に貼る薄葉紙は、カッターで切ってかまいません。
　図66b の5 の枠は、まず全体を白いトレーシングペーパーで覆い、その上に黄色の薄葉紙を、図69c に示したようないくつもの層にして貼りつけていきます。薄葉紙の層は、外側にいくほど暗く、真ん中にいくほど明るくなるようにします。このとき、厩の屋根よりも上の部分に、黄色の薄葉紙がはみ出ないようにして下さい。

　次に、それぞれの枠に人物を貼りつけていきます。図66b のように、2 の枠には立っている羊飼いと羊、3 の枠にはひざまずいている二人の羊飼いを配置します。
　図66b の4 の枠には、マリアとヨセフ、そしてゆりかごに入った幼子イエスを貼ります。さらに4 の枠には、ロバと牡牛を、左右の柱の陰から覗いているような感じに貼ります。

　人物を貼りつけたら、それぞれの枠を貼りあわせます。まず青い紙を使って、図69d のような蛇腹を作ります。
　次に、この蛇腹の紙を、枠の左右の端に貼りつけ、枠と枠をつないでいきます。こうして、枠と枠のあいだに一定の間隔を作るわけです。
　とくに図66・2 と図66・3 の枠のあいだには、長めの蛇腹を入れて、間隔を大きくあけるようにします。そうすれば、図66・2 の羊飼いが厩の外にいるような感じを表現できます。
　また、一定の間隔をもたせて枠を貼りあわせることによって、一定の奥ゆきの長さができて、作品が倒れにくくなるというメリットもあります。
　図67 の作品は使用する枠の数が少ないので、倒れにくくするために、枠と枠の間隔は図70 の作品よりも広く取ります。

　図68 の作品では、図71 に示したようなパーツを組みあわせて厩を作ります。
　とくに今回は、側面の壁と屋根と土台をつけます。各パーツの色は、図68 を参考にして下さい。

枠は、蛇腹に折った紙ではなく、図71のような、蝶つがいのような形に折った紙を使って貼りあわせます。
　屋根は最初からつけるのではなく、蝶つがいの形に折った紙で枠をすべて貼りあわせて、左右に扉を開いた段階で取りつけて下さい。
　最後に星が輝いている、後ろの外枠をつけます。
　さらに厩の前に、何人か人物を足してもかまいません。
　なお、この作品では、奥にいくほど厩の柱を小さくしていくことによって、遠近感を出します。

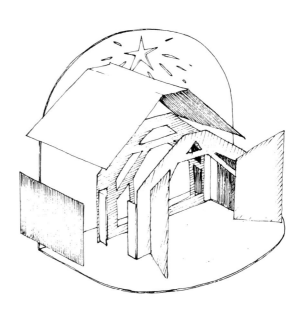

図-71

11. 五角形の透かし絵
Pentagonal transparencies

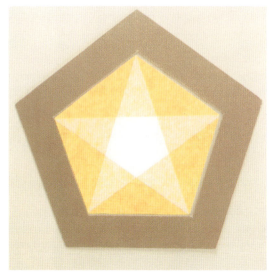

図-72

基本的な作り方

材料と用具
金色の厚紙
トレーシングペーパー
薄葉紙
糊（スティック糊のような乾くと透明になるもの）
糸
カッター、またはハサミ
定規

作り方
　図72から75までの五角形の透かし絵は、作り方が簡単なので、子どもといっしょに作るのに最適です。この透かし絵は、窓に吊るして飾ります。
　五角形の型は、図94に示してあります。
　型に従って、金色の厚紙を五角形に切ります。
　この五角形よりも2cm小さくなるように、内側の五角形を切り抜き、2cm幅の五角形の枠を作ります。枠の幅は、2cmよりも小さくならないように

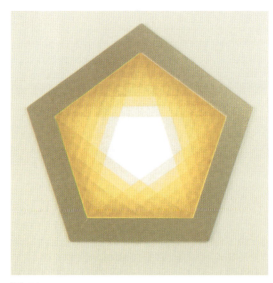

図-73

します。2cm以下にすると、薄葉紙を貼ったときに、枠がぐにゃっと曲がってしまうことがあります。

　枠を切り抜いたら、裏側にトレーシングペーパーを貼ります。

　薄葉紙を図74に示したような、三角形に切ります。薄葉紙を三角形に切るときは、もっとも長い辺をまっすぐきれいに切るように気をつけます。この辺は枠のなかにきて、一番目立つからです。

　三角形に切った薄葉紙を5枚、図74のような手順で五角形の枠に貼っていきます。糊はべったりつけないで、少しだけつけて下さい。

　5枚の三角形を貼り終えると、図72のように、真ん中に五角形を逆さまにした形ができあがります。

　作品が完成したら、上のほうに糸を通し、窓辺に吊るします。両面テープで直接窓に貼りつけてもかまいませんが、この場合は、あとではがすとき、薄葉紙の部分を破いてしまうことがあるので注意して下さい。

バリエーション1　（図73）

　まず、いまお話しした手順で、図72の段階まで作ります。

　次に、最初貼った三角形よりも、各辺が5mmずつ、なかに引っ込んだ、ひとまわり小さい三角形を5枚貼ります。真ん中には、第二の逆さまの五角形ができます。

　さらに5mm小さくした三角形を、5枚貼ります。

　三角形が貼れなくなるまで、この作業を繰り返します。三角形を重ねあわせるときには、真ん中のところに少し糊をつけて貼りあわせるのがポイントです。

　最後に、枠から外にはみ出した薄葉紙をカットします。

　図73の作品は一色の薄葉紙しか使用していませんが、薄葉紙の色を変え、白と黄色とオレンジ色の三種類の薄葉紙を使っても、鮮やかな光のグラデーションを表現できます。薄葉紙の色を変えて、いくつものバリエーションを作ってみて下さい。

　使用する薄葉紙は、できるだけ明るい色のものを選ぶようにします。暗い色の薄葉紙は、何枚も重ねると、光を通さなくなってしまうからです。

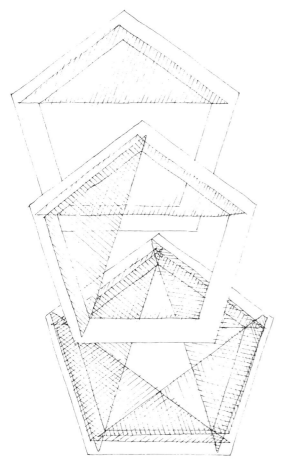

図-74

バリエーション2（図75）

　図75の内側の星の部分は、とても複雑そうに見えますが、作り方は簡単です。

　まず、図72の段階まで作ります。

　次に、薄葉紙を幅1cmのテープ状に切ります。

　図72には、真ん中に五芒星の形ができていますが、この五芒星の輪郭をなぞるようにテープを貼ります。つまり五角形の外枠の一つの頂点と、一つ飛んだもう一つの頂点を結んでテープを貼り、五芒星の輪郭がテープのちょうど中間を通るようにします。テープを5本貼ると、図72の星の外側に、一まわり大きい、暗い色の星が現れます。

　テープを貼るときは、糊を少しだけつけて下さい。糊の分量が多いと、そこだけ薄葉紙が変色することがあります。

　この場合も、いくつものバリエーションを生み出すことが可能です。

　なお、図75の作品では、枠の外側は円形にカットしてあります。

図-75

12. 幾何学的な立体を作る
Geometrical figures

材料と用具

金色のホイル
糊
鉛筆
定規

金色のホイルで作る四面体（図79・左）

　正三角形を四つ組みあわせた四面体を作ります。
　型は図76に示してあります。大きさを変えたいときは、第13章の方法で新たに作図して下さい。またコピー機を使って、拡大したり縮小したりすると、簡単に型のサイズを変えることができます。
　型を紙に写し取り、裏向けにした金色のホイルの上に置きます。動かないように、数箇所を粘着テープでとめて下さい。
　鉛筆で、型の輪郭をホイルの裏に描きます。
　紙をはがして、型どおりにホイルを切ります。
　図76の点線で示した折り目の部分を折ります。折り目はできるだけ、きちんと、きれいに折って下さい。糊づけする前に、折り目の部分を数回、折ったり広げたりしておくとよいでしょう。
　糊は、糊づけしたい両方の面に薄く塗ります。糊が乾きかけたら、全体を貼りあわせて、正四面体を作ります。最後の糊づけをして正四面体を閉じる前に、吊るす糸をなかに通しておいて下さい。なかに入れる糸の先端の部分は、二、三回結んで、糸が抜けないようにします。
　ホイルは一度糊で貼りあわせてしまうと、もう一度はがすのが困難です。ですから正四面体の角の部分は、できるだけ正確に貼りあわせるようにして下さい。

金色のホイルで作る六面体（図79・右）

　六つの正方形を組みあわせて六面体を作ります。
　型は図77に示してあります。
　基本的な作り方の手順は、四面体と同じです。
　最後の糊づけをする前に、作品を吊るす糸の先端を、内側の角の部分に貼りつけておいて下さい。

金色のホイルで作る二十面体（図80）

　二十面体は、20個の正三角形を組みあわせて作ります。
　型は図81に示してあります。
　基本的な作り方は、四面体と同じです。
　糊で貼りあわせる作業にとりかかる前に、折り目はすべて折っておいて下さい。糊づけの作業に取りかかると、折り目の部分を折るのが困難になります。
　最後の正三角形を糊づけして、全体を閉じる前に、修正したい箇所を鉛筆を使って内側から直し、吊るす糸を通しておきます。

図-76

図-77

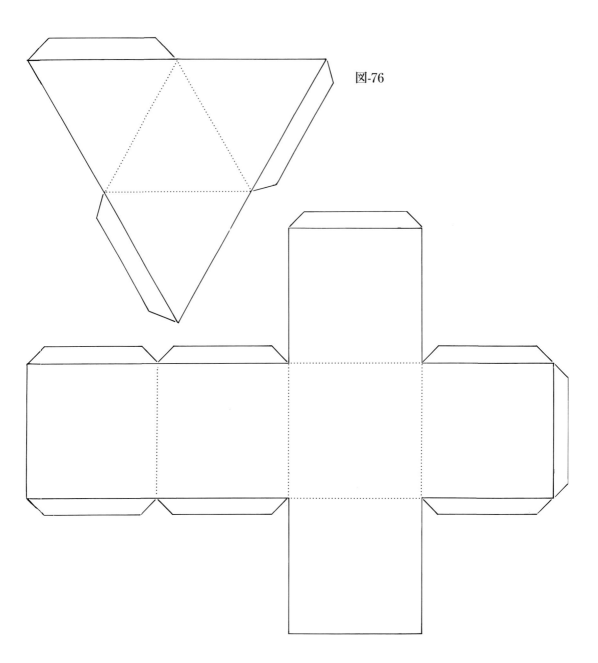

金色のホイルで作る十二面体（図82）

　正五角形を組みあわせて、十二面体を作ります。

　図78の型を貼りあわせると、十二面体の半分ができます。つまり図78の型を二つ上下に組みあわせて、十二面体を作るわけです。ただし、糊しろ（図78の×をつけた部分）は、下にくるほうの部分にだけつけます。上のほうの部分を作るときは、図78の型の、×の糊しろの部分はカットして下さい。

　上下を貼りあわせたら、最後の糊づけをして全体を閉じる前に、鉛筆を内側に入れて、糊づけした箇所をよく押さえておきます。また、修正したい箇所があれば、内側から鉛筆で直します。またこのとき、吊るす糸もなかに通しておきます。

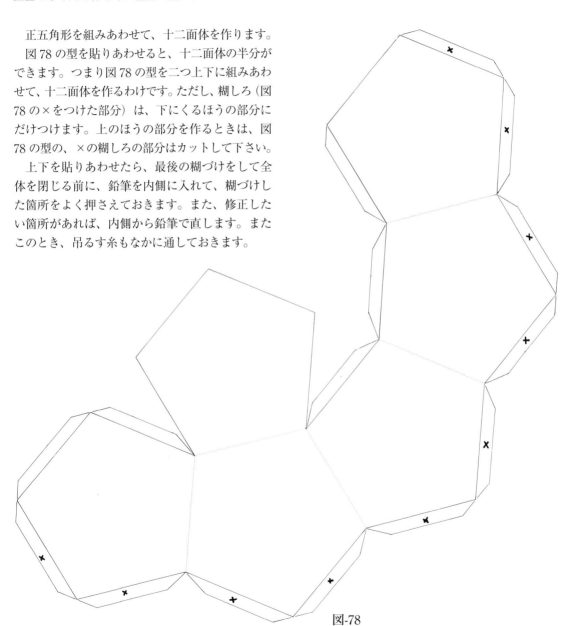

図-78

幾何学的な立体を作る　69

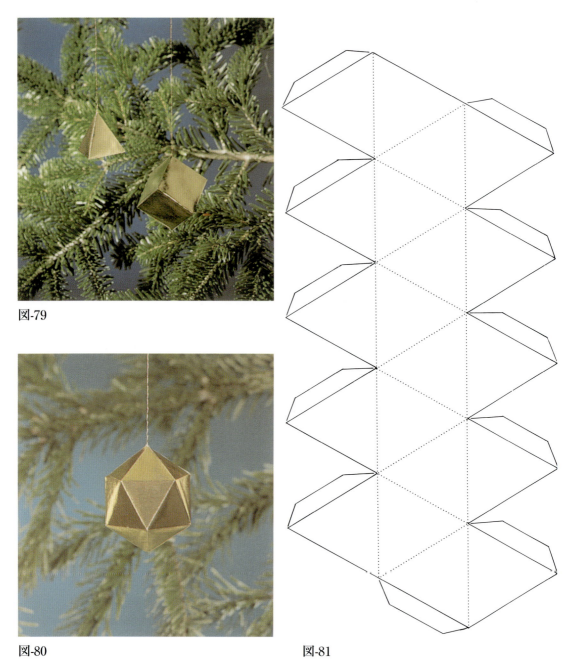

図-79

図-80

図-81

70 クリスマスクラフト

金色のホイルで作る立体の星（図83）

　図82の十二面体に、五つの面をもつ突起を貼りつけて、立体の星を作ります。
　十二面体の型は、図78と同じです。突起の型は図85に示してあります。

　バリエーションとして、図80の二十面体に、三つの面からなる突起をつけて、星を作ることもできます。

図-83

図-82

図-84

幾何学的な立体を作る　71

麦わらで作る十二面体（図84）

材料と道具
麦わら
定規（金属製のものがよい）
カッター
粘着テープ
糊（ノズルの先が尖っているものが使いやすい）
じょうぶな紙
ハサミ
糸

作り方
　麦わらで作った五芒星を12個組みあわせて、十二面体を作ります。
　五芒星の一辺の長さが5cmの場合、十二面体全体の直径は約8cmになります。
　五芒星を作るには、第7章で紹介した、切り開いた麦わらを使います。切り開いた麦わらは、定規とカッターで細いテープ状に縦にカットしてい

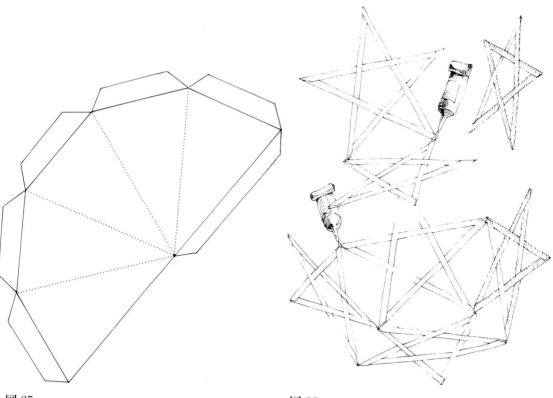

図-85　　　　　　　　　　　図-86

きます。1個の十二面体を作るには、60本（12 × 5）の麦わらのテープが必要になります。ですからこの段階で、1本の麦わらから何本のテープを取ればいいか、考えて下さい。

　今回の十二面体では、五芒星をできるだけ正確にていねいに作ることと、12個の五芒星をすべて同じ大きさに揃えることがポイントになります。

　五芒星の大きさを揃えるには、まず使用する麦わらのテープの長さを均一にしておく必要があります。画用紙の上に取りたいテープの長さ分の間隔をあけて2本の横線を引きます。この画用紙の線と線のあいだに、使用するすべての麦わらのテープを縦に並べていき、全体を粘着テープで固定します。そしてハサミを使って、線からはみ出している部分をカットし、すべての麦わらのテープを同じ長さに切り揃えます。

　五芒星は、すべて同じ一つの型に従って作るようにします。五芒星の型は、図92の方法で必要な大きさの五角形を描き、一つ置いた隣の頂点どうしを結んで作ります。もっと簡単な方法としては、図94の型をコピー機で必要なサイズまで縮小して、型に使います。

　五芒星を作るには、まず麦わらのテープを5本、光沢のある側を下にして置きます。このとき、できるだけ同じくらいの太さの麦わらのテープを5本選ぶようにします。

　最初の2本の麦わらのテープを選び、1本は光沢のある側の端、1本は光沢のない側の端に糊を少しつけます。糊が少し乾いたら、2本の麦わらのテープをしっかりと貼りつけます。

　5本の麦わらの組みあわせ方は、図86の右上の部分に示してあります。麦わらのテープを2本貼りあわせてから、三本目は、最初の2本の麦わらのテープのうち、どちらかの下をくぐらせます。このときは、最初の2本の麦わらのテープのどちらか一方の端に糊をつけ、少し糊を乾かしてから、三本目の麦わらのテープをくっつけるようにします。同じようにして、残りの2本の麦わらのテープもくっつけます。

　五芒星ができたら、型にあててみて、正しい形になっているかどうかチェックします。もしずれている箇所があったら、修正します。一度糊が乾いてしまったら、もう修正することは不可能になります。

　星を12個、すべて作ったら、糊を乾かします。
　次に星を組みあわせて、十二面体を作ります。
　まず最初に五芒星を三つ選び、星のすべての先端部分に糊をつけます。少し糊が乾いたら、まず二つの星を二箇所で貼りあわせます。

　この二つの星のうち、一つの星を木片の台の上に置き、もう一つの星をもち上げた状態で、第三の星を糊でつなぎます（図86）。

　次の三つの星を選び、先端に糊をつけ、少し乾かします。この三つの星を、すでにつなげた三つの星につなげていきます。これで、十二面体の半分ができました。

　星が全部つながるまで、この作業を続けます。最後の星をつなげるときに、十二面体のてっぺんにくる先端に、少し多めに糊を足して、作品を吊るす金色の糸をいっしょに貼りつけます。

バリエーション（図87）

　大きな十二面体のなかに、小さな十二面体を入れます。
　小さな十二面体の大きさは、大きな十二面体の3分の2以下にします。

幾何学的な立体を作る　73

小さな十二面体を目立たせるには、赤い透明なラッカーを塗るか、初めから暗めの色の麦わらのテープを使用します。

　あと二つ星をつなげたら、大きな十二面体が完成するというところまできたら、なかに小さな十二面体を入れます。このとき小さな十二面体に糸を固定し、この糸を上に伸ばしていって、大きな十二面体のてっぺんに固定し、さらに上に伸ばして、吊るせるようにします。このとき小さな十二面体が正しい位置にきているか、確認して下さい。

麦わらで作る球体（図88）

材料と道具

麦わら
カッター
糊
金色の糸

作り方

　第7章の方法で麦わらにアイロンをかけ、約3mm幅のテープ状にカットします。

　図88の球体は、八つの輪を組みあわせて作ります。

　輪の直径は、内側にいくほど、少しずつ小さくします。そのため、麦わらのテープを貼りあわせ

図-87

図-88

て輪を作るときに、内側にくる輪ほど、端と端を重ねあわせる部分の長さを、わずかずつ多めにとるようにします。

まず図89aのような輪を二つ作り、糊が十分に乾いてから、図89bのように、上から見ると十字の形になるように貼りあわせます。このとき、麦わらのテープの端と端を重ねあわせた箇所がかちあわないようにします。この二つの輪が、球体全体の基礎となります。貼りあわせたら、糊をよく乾かします。

残りの六つの輪を作り、糊を乾かします。

六つの輪のうち二つを、図89cのように、十字に重ねた最初の二つの輪の内側に糊づけします。

糊が乾いたら、図89dのように、残りの四つの輪を糊づけします。

全体の糊が乾いたら、輪の一つに金色の糸を糊づけします。

糸を糊づけする位置によって、作品を飾ったときの雰囲気は大きく変化します。図88のような位置に糸をつけると、球体の内側がよく見えて、全体に奥ゆきのある感じになります。また球体のてっぺんに糸をつけると、垂直方向の線が、球体の横に糸をつけると、水平方向の線が強調されます。

この作品はこわれやすいので、保管するときは注意して下さい。

補強用の輪を別に作り、作品にはめておくようにすると、破損しにくくなります。

使用する麦わらのテープの横幅を変えて、さまざまなバリエーションを作ることもできます。たとえば輪の幅を、隣どうし触れあうくらいまで太くすると、隙間のない本当の球形を作ることができます。

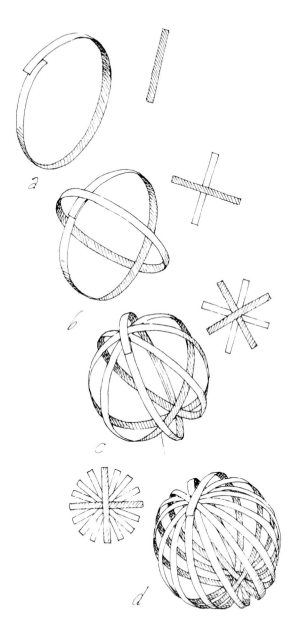

図-89

幾何学的な立体を作る　75

13. 四面体と六面体と五角形の作図のしかた
Constructions and models

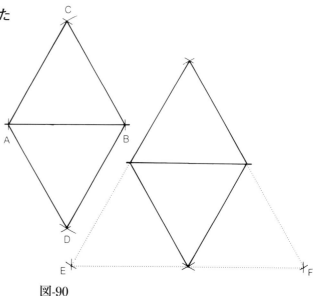

図-90

四面体の作図（図90）

　直線を引き、AとBの位置を決めます。このときのAB間の長さで、完成したときの四面体の大きさが決まります。

　コンパスの針をAに置き、ABの長さを取って、直線ABの上と下に弧を描きます。

　コンパスの針をBに置き、ABの長さを取り、直線ABの上と下に弧を描きます。

　弧が交わってできる二つの交点のうち、上をC、下をDとします。

　CとA、CとB、DとA、DとBを直線で結びます。

　コンパスの針をAおよびDに置き、ABの長さを半径にもつ二つの弧を描き、交わった点をEとします。

　コンパスの針をBおよびDに置き、ABの長さを半径にもつ二つの弧を描き、交わった点をFとします。

　AとE、DとE、BとF、DとFを結べば、完

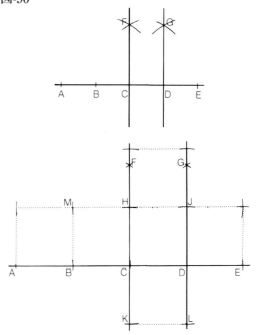

図-91

76　クリスマスクラフト

成です。

最後に、図76を参考に糊しろをつけます。

六面体の作図（図91）

直線を引き、コンパスでAとBに印をつけます。このときのAとBの長さで、六面体の大きさが決まります。

コンパスの幅をそのままにして、C、D、Eの位置に印をつけます。

ACの長さを半径にもつ弧を、コンパスの針をBおよびDに置いて描き、二つの弧の交わった交点をFとします。

同じ長さの半径をもつ弧を、コンパスの針をCおよびEに置いて描き、二つの弧の交点をGとします。

FとC、GとDを結ぶ垂直な線を描きます。

コンパスでCDの長さを取り、コンパスの針をCにおいてHとKの位置に印をつけます。次に、コンパスの針をDにおいて、JとLの位置に印をつけます。

HとJを結ぶ直線を引きます。

コンパスでCDの長さをとり、JとEを中心にそれぞれ弧を描き、交わった点に印をつけます。

コンパスの幅は同じにしたまま、HとBを中心にそれぞれ弧を描き、交わった点をMとします。

コンパスの幅は同じにしたまま、AとMを中心にそれぞれ弧を描き、交わった点に印をつけます。

印をつけた点をすべて線で結べば完成です。

最後に、図77を参考に糊しろをつけます。

五角形の作図

コンパスで円を描きます（図92a）。

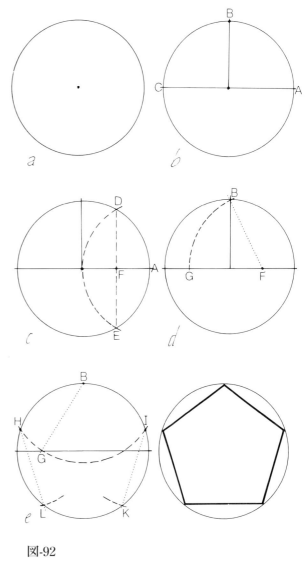

図-92

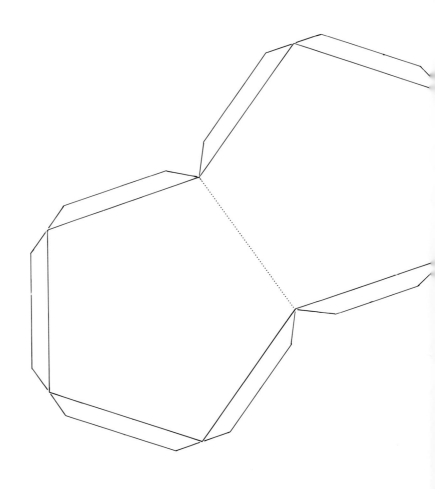

図-93

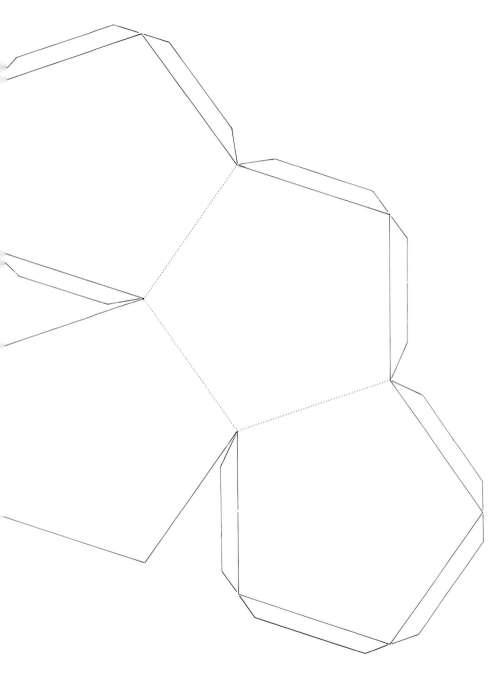

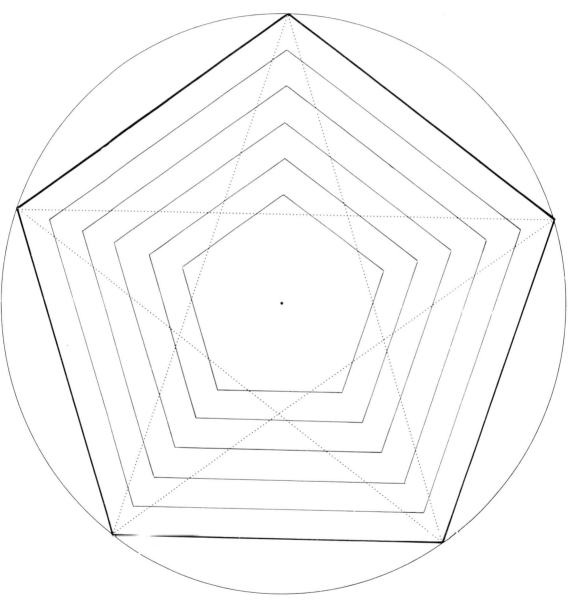

図-94

円の中心を通る、水平な線ＡＣを描きます。
　この水平な線から上に、円の中心を通る垂直な線を描きます。この垂直な線と円の交わる点をＢとします（図92b）。
　この円の半径の長さをコンパスでとり、コンパスの針をＡにもってきて弧を描き、円と交わる二つの点をＤとＥとします。次にＤとＥを結んで、直線ＡＣと交わる点をＦとします（図92c）。
　コンパスの針をＦに置き、ＦＢの長さをとり、弧を描いて、直線ＡＣと交わる点をＧとします（図92d）。
　ＢＧを結ぶ長さが、五角形の一辺の長さになります。
　コンパスの針をＢに置き、ＢＧの長さを取り、弧を描いて、円と交わるＨ、Ｉの位置に印をつけます。
　コンパスの幅は同じにしたまま、今度はコンパスの針をＨとＩに置き、それぞれ弧を描いて、円と交わるＬとＫの位置に印をつけます（図92e）。
　Ｂ、Ｈ、Ｌ、Ｋ、Ｉを結べば、五角形のできあがりです。

14. 作品に使う材料について
Materials

自然の素材

　クリスマスの飾りつけは、12月になってから始める人が多いのですが、本当は、秋頃から材料集めにとりかかるのが理想的です。たとえば、クリスマスのリースを飾るカラマツやマツの実を採集するには、秋がもっとも適しています。12月になると、カラマツやマツの実の多くは変色し、壊れています。

　なお、リースなどに使う緑の植物としては、モミや西洋イチイがもっとも適しています。

紙

　薄葉紙は薄くて半透明な紙で、大きな文房具店かクラフト用品を扱っている店で手に入ります。

※註　86頁をご参照下さい。

　カイトペーパー（トランスパレント紙）は、薄葉紙よりもじょうぶな紙で、光沢があるのが特徴です。

　透かし絵に使うトレーシングペーパーは、あまり薄いものは使用しないで下さい。A4サイズ程度で、帳面のように綴りになっているものが使いやすいでしょう。本格的なトレーシングペーパーには、もっとサイズが大きく、ロール状に巻いてあるものもあります。白い厚紙は、できるだけじょうぶなものを選んで下さい。また、本書のクリッペや透かし絵を作るには、暗い青の厚紙や普通の厚さの紙を用意します。

　本書に出てくる金色の紙とは、片面が金色に塗られている薄手の紙をさします。

　ホイルは、表面が金で塗られていて、裏面は銀色になっています。ホイルには、そのほか金と金、金と赤の組みあわせになっているものもあります。

　金色や銀色の厚紙は、たいていは片側だけが金色もしくは銀色で塗られています。

　作品の材料としては、そのほかに羊皮紙やランプシェード用の紙などがあるとよいでしょう。

糊と接着剤

　とくに薄葉紙を貼る場合は、水溶性の糊が便利です。ただし水溶性の糊は、カイトペーパーの場合は、乾くとはがれてしまうことがあります。

　スティック糊は少しずつ、薄く塗ると、糊をつけた部分がほとんど目立たなくなるので重宝します。

　チューブ入りの接着剤も、いろいろな用途に使えます。ただし接着剤によっては、塗った箇所がしわになることがあるので注意して下さい。とくに麦わらの星を作るときは、先のとがったチューブに入った接着剤を選ぶとよいでしょう。

ロウソクと蜜ロウ

　市販されているロウソクの多くは、顆粒状のロウを押し固めて、表面にロウをコーティングして作られています。このようなタイプのロウソクは、圧力をかけると折れたり、こわれたりしやすいので注意して下さい。

　自分で蜜ロウのロウソクを作る場合は、純粋な蜜ロウの固まりか、フレーク状になった蜜ロウを使用します。固まりになっているものよりも、フレーク状の蜜ロウのほうが早く溶けます。ロウソクを飾るには、モデリング（造形）用の蜜ロウか装飾用のロウを使います。装飾用のロウは半透明の色をしているのに対して、モデリング用の蜜ロウは透明なのが特徴です。モデリング用の蜜ロウが固まりになっているときは、少し取って、手のなかでこねて、暖めてから使って下さい。装飾用のロウは扱いが容易で、ロウソクに飾りたい模様を、そのまま削り取って使うことができます。

そのほかの材料

　この本に出てくる羊毛は、紡いでいない、長い繊維をそのまま残した羊の毛をさします。このような羊毛は、手芸店かクラフト用品を扱っている店で手に入ります。

　麦わらは、クラフト用品店で手に入る場合があるので、探してみて下さい。もし店になかったら、麦の刈り入れの時期に農家に頼んでわけてもらうか、刈り入れのすんだ畑から拾ってくるしかありません。

　星を作るときは、麦わらの節の部分は切り落として下さい。

　また切り開いて使うときは、太めの麦わらを用意します。

　クラフト用品店には、さまざまな太さの細工用の銀色の針金が揃えてありますが、この本に登場する作品を吊るすには、0.6mm 前後のものが適しています。ただし、作品が重くなれば、それだけ糸や針金を太くする必要があります。

　なお金色の糸の場合は、太さの種類はあまり揃っていません。

　図8のようなアドヴェントのリースの枠を作る針金は、太さ 2mm から 3mm 程度のものを使います。太さはリースの大きさに合わせて決めて下さい。

　図6のロウソク立てには、太さ 0.9mm 程度の針金を使います。

　生け花用のブロック（日本ではオアシスと呼ばれています）は、花屋などで手に入ります。

　パイプクリーナーは、パイプを扱っている煙草店で手に入ります。

ローズウィンドウ
―― 紙で作るローズウィンドウの世界
ヘルガ・マイヤーブレーカー

図-1

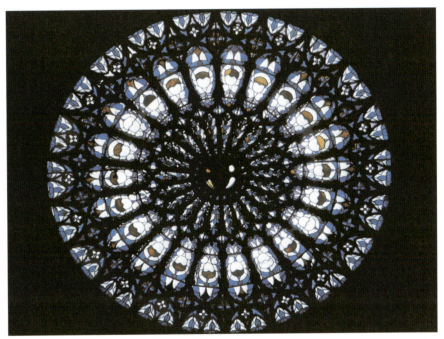

図-2

　ヨーロッパのゴシック様式の教会などに行くと、みごとなステンドグラスのローズウィンドウを目にすることがあります。色を光に透かして独特の効果を生み出す、このようなローズウィンドウの技法には、数百年の歴史があります。その例の一つが、イタリア中部のオルヴィエトという町の大聖堂の車輪窓（wheel-window）です（図2）。

　本書では、伝統的なローズウィンドウを、紙を使って家庭で作る方法を紹介します。

1. 基本的な技法
The basic technique

使用する紙について

　ローズウィンドウを作るときは、カラペや薄葉紙などの薄くて透ける紙を使用してください。ローズウィンドウペーパーとしても販売されています。詳しくは巻末の材料購入先をご覧ください。日本で販売されている紙の方がヨーロッパの紙よりも薄くてしっかりしています。

　透明な紙よりも、ローズウィンドウペーパーのように半透明のものが、光を透かした時に美しい色に輝きます。何枚か重なったものを窓から差し込んでくる光にかざすと、思わぬ色合いの輝きを見せてくれます。ローズウィンドウペーパーは加工しやすい素材です。簡単に折ることができますし、カッターで細かい切込みを入れることもできます。

紙の色について

　ローズウィンドウペーパーとして市販されている紙の色は20種類ほどあります。この本で使用する紙には、このローズウィンドウペーパーの色を記載しています。違う色の紙を重ねあわせることで、さまざまな色のバリエーションを生み出すことができます。紙を重ねるときは、窓の方にかざして、どのような色が生まれるか確認してください。

　また、同じ色のローズウィンドウペーパーを重ねるだけでも、いく通りもの色の深みや、微妙な陰影を生み出すことができます。

　さらに、パターンが違えば、見る人の受ける色の印象は変化します。

基本的な作り方

材料と道具

ローズウィンドウ枠（大）2枚セット
（外径28cm、内径23cm）
ローズウィンドウ枠（小）2枚セット
（外径18cm、内径14.5cm）
ローズウィンドウペーパー
セメダインC,もしくはスティック糊
（液状の糊は避けてください）
鉛筆
先のよく切れるハサミ
消しゴム

　この本で使用する枠は専用のローズウィンドウ枠を使用しますが、自分で作ることもできます。ボール紙のような厚手の紙を用意し、コンパスを使って円を描き、切り抜いてください。紙の色は、好きなものを選んでかまいませんが、灰色かベージュのような中間色が、どの色のローズウィンドウペーパーにもマッチします。作品を吊るして飾るときには、光をバックにすることになるので、最終的には枠の色はほとんど目立たなくなります。

紙の折り方

　ここで紹介する基本的なテクニックを応用すれば、いくつものバリエーションを生み出すことができます。

　最初は、一つ一つの手順がめんどうに感じられるかもしれませんが、慣れてくれば、短時間で作ることができるようになります。

　勇気を出して、さっそく取り組んでみましょう。

基本形（完成作品9図　P89）

材料：
ローズウィンドウ枠小（外径18cm、内径14.5cm）の枠を1セット（2枚）
ローズウィンドウペーパー（ホワイト、アクア、レタス、スカイ、マリン、各1枚）

重ねる紙の順番は以下の通りです。

　　ベース　　　　―ホワイト
　　第1の紙の層　―アクア
　　第2の紙の層　―レタス
　　第3の紙の層　―スカイ
　　第4の紙の層　―マリン

(1) まず、紙を円形に切っていきます。
　それぞれの紙に枠をのせ、枠の内側の円周を鉛筆でなぞり、円を描きます。その円よりさらに外側に1cmくらいの余裕をもたせながらハサミで切ります。ハサミで切った外周の部分は、二枚の枠を貼りあわせると、外からは見えなくなるので、あまりていねいに切る必要はありません。次のように、紙を重ねて一度にカットする方法もあります。ホワイトが一番上になるようにすべての紙を重ねます。一番上のホワイトの紙の上に枠をのせ、枠の内側の円周を鉛筆でなぞり、円を描きます。
　その円よりさらに外側に1cmくらいの余裕をもたせながら、残りの紙4枚といっしょに重ねてハサミで切ります。

(2) 一枚目の枠の裏面(内側)にセメダインCをつけ、ホワイトのペーパーを貼り付けます。スティック糊でもOKです。

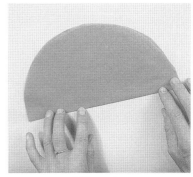
図-3　半折りにする

図-4　四つ折りにする

図-5　八つ折りにする

図-6
上半分をさらに半折り(十六折り)にする

図-7
裏返して残りの半分を半折りにする
(十六折りの完成)

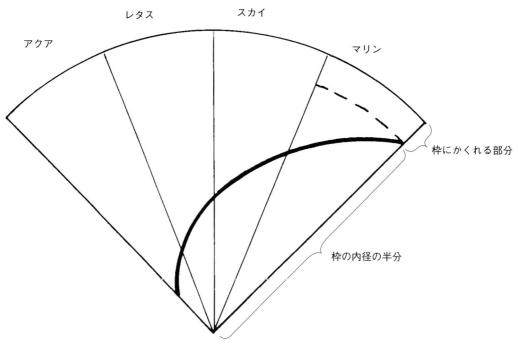

アクア　レタス　スカイ　マリン

枠にかくれる部分

枠の内径の半分

図-8

図-9

図-10

基本的な技法

枠の上に接着したホワイトのローズウィンドウペーパーは、カラーペーパーを重ねていくベースになります。

(3) 残りの4枚のカラーペーパーを次のような手順で折ります。半分に折ります（図3　P87）。もう一度、半分に折り、四つ折りにします（図4　P87）。さらに、半分に折り、八つ折りにします（図5　P87）。この時、開いた紙の縁がきちんと重なるように折ってください。最後に、（図6　P88）のように上半分（8枚分）の紙を上側に半分折り、下半分（8枚分）の紙は下側に半分折りします。これで、もとの大きさの16分の1になりました（図7　P88）。紙は正確に折ってください。できあがった作品のカットが、左右、上下、ともにきちんと対称になるかどうかは、この段階の作業にかかっています。なお、本書では、円形の紙を16分の1の大きさに折りたたんだもののことを、ウェッジと呼ぶことにします。ウェッジとは、英語で「くさび」という意味です。

(4) 4枚とも、ウェッジの形に折りたたんだら、折りたたんだまま図8（P88）のように横に並べます。並べる向きをそろえてください。並べるときは、左から右に、アクア、レタス、スカイ、マリンの順に、だんだん暗くしていきます。

(5) 4枚のウェッジの上に、鉛筆で図8（P88）のようなカーブの線を描きます。この線に従って、4枚のウェッジをカットします（図11）。違う作品を作ることができるので、切り落とした部分は捨てないで取っておきましょう。

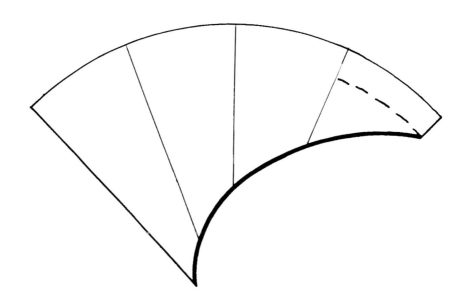

図-11

(6) まず、アクアのウェッジを開いて、折り目のひだを指で押さえるようにして丁寧に伸ばします。

(7) すでに枠に貼ったホワイトのペーパーの上に、開いたアクアのペーパーをのせます。紙をのせるときは、ホワイトのペーパーを貼ったときと同じように、枠に紙を貼った部分にセメダインCを付け、その上に貼り付けます。(図9・左下　P89)。

(8) 二枚目のレタスのウェッジを開き、同じように折り目のひだを伸ばして、一枚目のアクアの層の上にのせます。このとき、先に接着しておいたアクアのペーパーの層と、折り目がぴったりと重なりあうようにします（ただし、折り目の山と山を合わせる必要はありません）。折り目をぴったり合わせる作業は、初めのうちは、なかなか難しいものです。ここで基本的な手順を紹介します。まず初めに、図12（P91）の1の矢印のように、紙を左右に移動させて太線の垂直方向の折り目を合わせます。次に、図12の2の矢印のように上下に

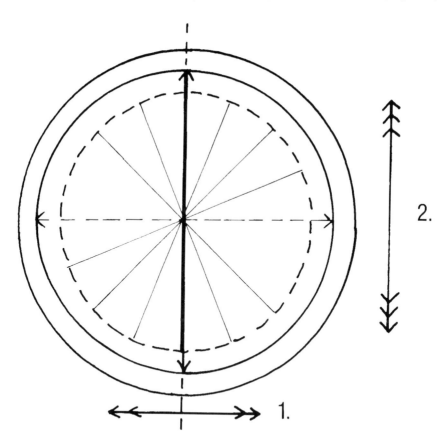

図-12

微妙に動かしながら、点線の水平方向の折り目を一致させます。すると、他の折り目も合います。

(9) カラーペーパーをすべて貼り終えたら、もう一枚の枠の裏面にセメダインCを塗り、しっかりと貼りつけます。二枚目の枠を貼ることで、紙の接着面が隠れ、枠もしっかりします。セメダインCの代わりに両面テープでも構いません。スティック糊は避けてください。一枚目と二枚目の枠の紙の目をそろえると、後で枠が反りにくくなります。紙の目とは紙の繊維の方向性の事で、枠を軽く曲げてみて曲がりやすい方向と、曲がりにくい方向があります。二枚目の枠を貼り終えたら、作品は完成です（図9 P89）。

(10) 出来上がった作品に糸を通すときは、まず、作品を光にかざしてみて、どの部分を上にするか決めます。次に、枠の上の部分の真ん中より外側（上側）にキリか千枚通しで穴をあけ、糸を通してください。通した糸の両端を適当な長さで結び、輪にしてください。

(11) ウェッジから切り落とした部分は、開いてよく伸ばしてから、大きい順番に貼っていくと花や星の形が生まれます。セメダインC、もしくはスティック糊は中心の部分につけるだけで十分です。出来上がったら、プレゼントのラッピングの飾りにしても素敵です（図13）。

図-13

2. 基本のバリエーション
Variation on the basic

図-14

完成作品（図1　P84　図14）

「基本的な作り方」で紹介したパターンのバリエーションを作ってみましょう。今回は、次のようにローズウィンドウペーパーを組みあわせます。使用する枠は小枠（内径14.5cm）です。

　　ベース　　　ホワイト
　　第1の層　　サックスブルー
　　第2の層　　ブルー
　　第3の層　　ブルー
　　第4の層　　マリン

まず、「基本的な作り方」の（1）〜（8）（P87-91）までの手順のように、ベースのホワイトと第1の層を枠に貼りつけます。

今回は、第2の層と第4の層をのせるときに、図16（P94）のようにパターンをずらします。

最後に、「基本的な作り方」の（10）と（11）（P92）の方法で作品を仕上げます（図14）。

図-15

その他のバリエーション

　自分で作品のバリエーションを作る場合には、4枚のウェッジにどのようなカットの線を入れるか、が重要なポイントです。
　図15（P93）の写真と図17〜20（P95）のパターン例を参考にしてください。

カットする線は同じでも、「基本のバリエーション」で紹介したように、二枚目と四枚目の紙のパターンをずらせば、それだけでバリエーションが増えます。
　また、パターンは同じでも、使用するローズウィンドウペーパーの色の組み合わせを変えるだけで、バリエーションが生まれてきます。

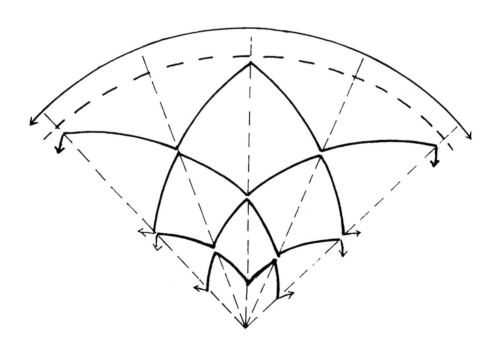

図-16

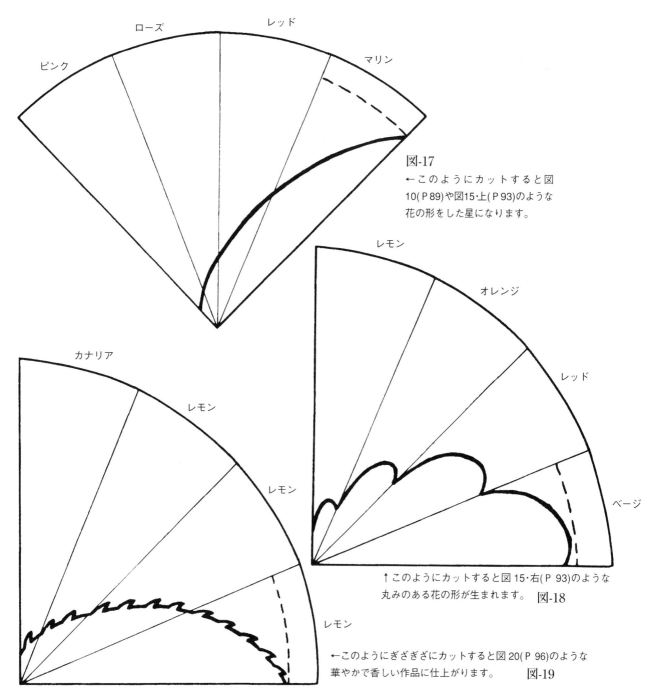

図-17
←このようにカットすると図10(P89)や図15・上(P93)のような花の形をした星になります。

↑このようにカットすると図15・右(P93)のような丸みのある花の形が生まれます。　図-18

←このようにぎざぎざにカットすると図20(P96)のような華やかで香しい作品に仕上がります。　図-19

基本のバリエーション

図-20

3. 星
Stars

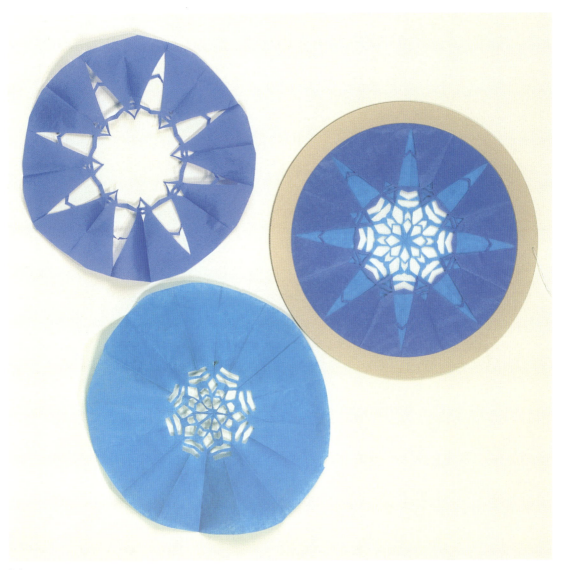

図-21

小さな星

　ここからは、ウェッジの両側に切りこみを入れることによって、今までよりも、もっと複雑なパターンを作っていきましょう。

　まず、スカイとブルーの2色の紙を使った、シンプルな星を作ってみましょう（図21　P97）。

　中心付近のパターンはスカイ、外側の部分はブルーのペーパーを使用します。

　まず、「基本的な作り方」（1）～（4）（P87-90）で紹介したやり方で、枠にホワイトを貼ります。次に、それぞれのカラーペーパーを折って、ウェッジの形にします。

（5）スカイのウェッジの外側の部分（枠に貼り付ける部分で、二枚目の枠で隠れる部分）に鉛筆でチェックを入れます。次にウェッジを開き、鉛筆の印のついた面に、図22aのパターンを鉛筆で写し取ります。写し取ったら、印のついた部分が上に来るように、元のウェッジの形に折りたたみ、

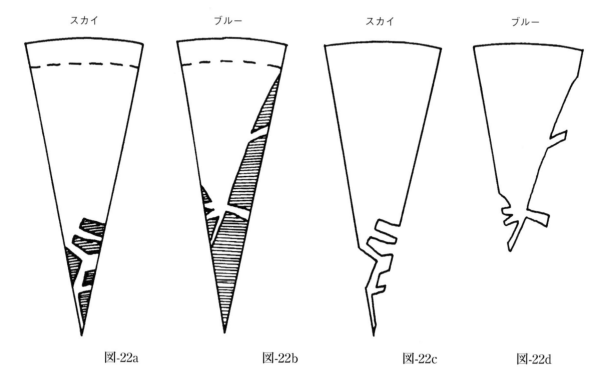

図-22a　　　図-22b　　　図-22c　　　図-22d

鉛筆の線に沿って斜線の部分をハサミで切り落とします。切り込みはウェッジに対して直角に近い線から入れてください。斜線の部分をすべてカットすると、図22cのような形になります。

次は、ブルーのウェッジに、同じような方法で図22b（P98）のパターンを写し取り、斜線の部分を切り落とします。カットすると、図22d（P98）のようになります。紙の色が濃くて下のパターンが見えにくいときは、明るい窓ガラスに当てると写しやすくなります。

(6) 2枚のウェッジをていねいに開いて、折り目の部分を平らに伸ばします。とくに、先端の部分は破れやすいので注意しましょう。

(7) ベースとなるホワイトのペーパーを枠に貼り、その上にスカイをのせて貼ります。

次に、サックスブルーを貼ります。紙を貼るときは、図21（P97）を参考に、下の明るい色の紙とパターンを合わせてください。

(8) 二枚目の枠の内側の面にセメダインCをつけて貼り合わせて、糸で吊るします。

小さな星のバリエーション

前回の作品では、星の尖りは8本でしたが、今回はそれを16本に増やします。

オレンジとレッドのローズウィンドウペーパーを用意します。

途中までは、前に作った星と同じように作りますが、(5)の段階で、オレンジのウェッジに図23aのパターンを、レッドのウェッジに図23bのパターンを写し取ります。

その後の作り方は前に紹介した星と同じです。
完成形は図24・上（P100）に示してあります。

ここで使った、一つのパターンを浮かび上がらせたり、紙をさらに重ねることでパターンを追加するテクニックは、この後に紹介する作品を作る際の基本となります。

直径を大きくすれば、それだけ作品のバリエーションも広がります。

それでは内径23cmの大枠を使って、今までよりも大きめの作品を作ってみましょう。

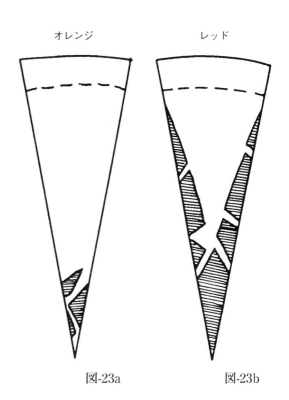

オレンジ　　　　レッド

図-23a　　　　図-23b

図-24

大きな星

　今回の星は、三色で作ります。

　用意するものは、内径23cmのローズウィンドウ枠大とベースのホワイト、そして以下の三色のローズウィンドウペーパーです（図25）。

　　ベース　　ホワイト

　　第1の層　パープル
　　第2の層　ブルー
　　第3の層　マリン

　三色のローズウィンドウペーパーをそれぞれウェッジの形に折り、図26（P102）のパターンを写し取り、斜線の部分をカットします。写し方はP98の（5）を参考にしてください。

図-25

後は今までと同じ作り方です。作品の完成形は、図30（P106）に示してあります。

パープルのペーパーは円の中心で光の効果を出し、ブルーは全体的な星の形を決定します。マリンはコントラストを強めると同時に、星の外側の輪郭をはっきりさせる働きがあります。

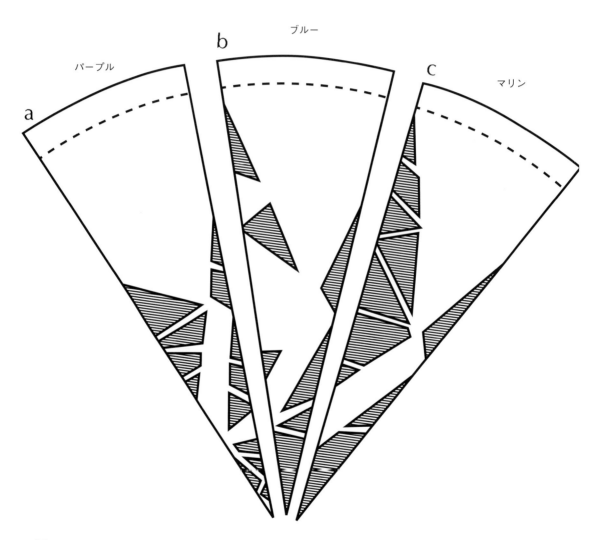

図-26

雪の星（図28）

この作品では、紙の折り方が今までとは違います。使用する枠は大枠（内径23cm）です。

　ベース　　ホワイト
　第1の層　aホワイト
　第2の層　bホワイト

円くカットしたローズウィンドウペーパーを半分に折り、さらに半分に折ります。次に、図27のように、三等分するように折って、ウェッジを作ります。出来上がったウェッジは円を十二等分した大きさになります。

ウェッジに写し取るパターンは、図29（P 105）に示してあります。

これ以外にもいろんな雪の結晶パターンのバリエーションを作ってみてください。

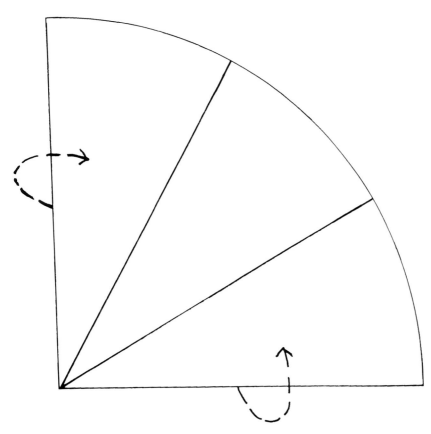

図-27

図-28

104 ローズウィンドウ

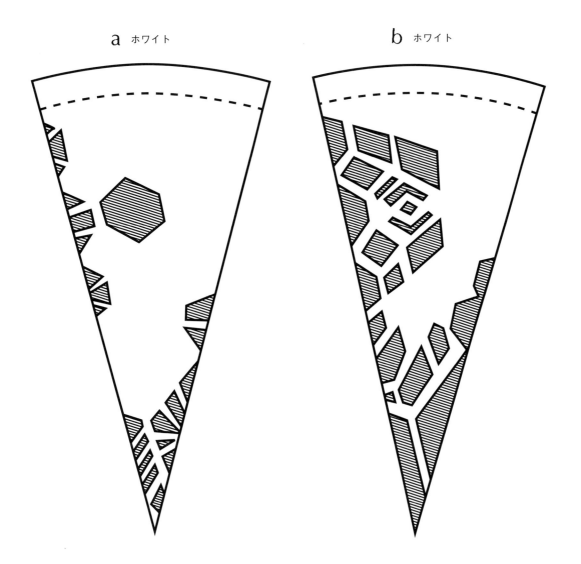

図-29

星 105

図-30

106 ローズウィンドウ

4. ローズウィンドウ
Rosettes

図-31

では、いよいよ、ローズウィンドウの制作に入ります。
　ここでは、三つの作品を作ることで、ローズウィンドウの基本的な作り方を学びましょう。
　この三つの作品には、いずれも、以下のような三色のローズウィンドウペーパーを使用します。

枠はすべて大枠（内径23cm）を使います。

ベース	ホワイト
第1の層	ローズ
第2の層	ブルー
第3の層	パープル

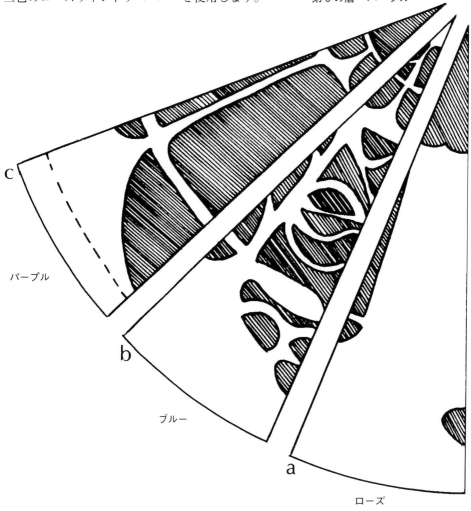

図-32

最初の作品は、とてもシンプルです。そして第二、第三の作品と進むにつれて、パターンがより複雑になっていきます。

なお、ローズウィンドウを作る場合も、今まで作ってきた作品と同じように、カラーペーパーをのせる前に、ホワイトのペーパーを枠に貼ってください。

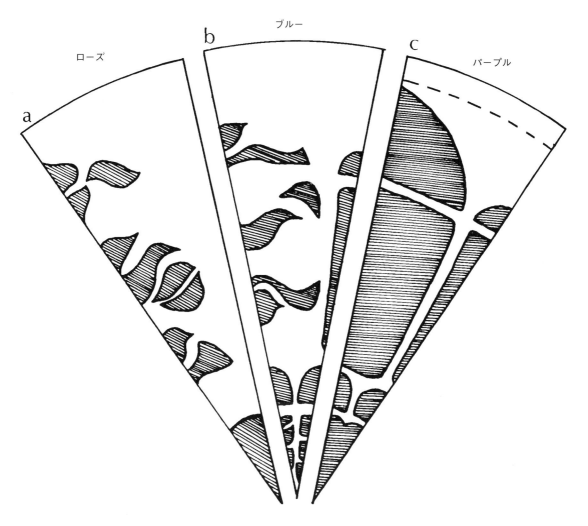

図-33

ローズウィンドウ1（図31・左　P107）

　図32（P108）のベースはホワイト、ウェッジのaはローズ、bはブルー、cはパープルを使用します。三色のウェッジにパターンを写し取り、斜線の部分をカットしてください。ローズのウェッジの先端を切り落とすのは、円の中心付近に窓をあけて、ブルーのパターンが見えるようにするためです。ブルーの部分は、レースのようなパターンになります。

　図32bのブルーのウェッジには、サイドから切り込めないパターンが含まれています。このような場合は、ハサミの先端をパターンのなかに突きさしてからカットするか、下にカッターマットを敷いて、アートナイフやカッターナイフを使ってカットしてください。

　図32cのパープルのウェッジは、ローズウィンドウ全体の形を整える働きをしています。そのため、切り取る部分も多くなります。以上のウェッジを開いたものが、図34の右の三つです。ただ

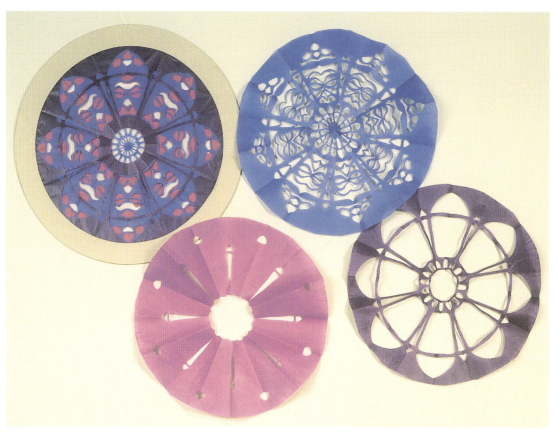

図-34

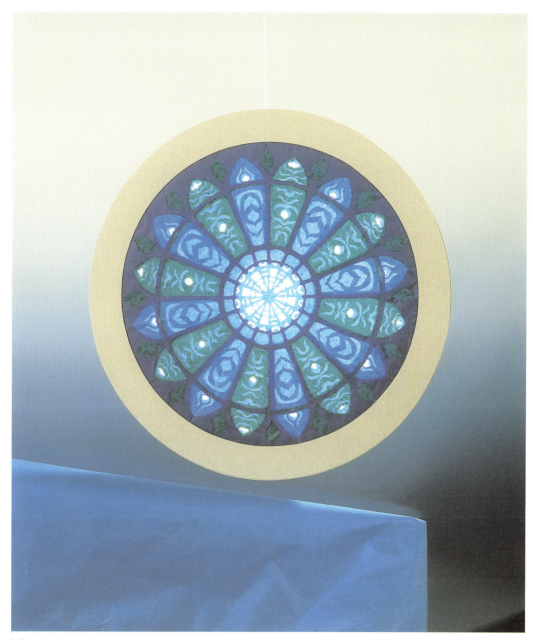

図-35

し、図中左の完成作品はローズウィンドウ2（作り方はP113）ですのでご注意ください。

ローズウィンドウ2（図31・右下　P107）

図33（P109）のパターンも、ベースがホワイト、aがローズ、bがブルー、cがパープルのウェッジを使用します。ローズとブルーは一部で重なりあって、新しい色を生み出します。

パープルのウェッジは、ローズウィンドウ1のときと同じパターンにカットします。この部分は作品全体の形を整える働きをします。

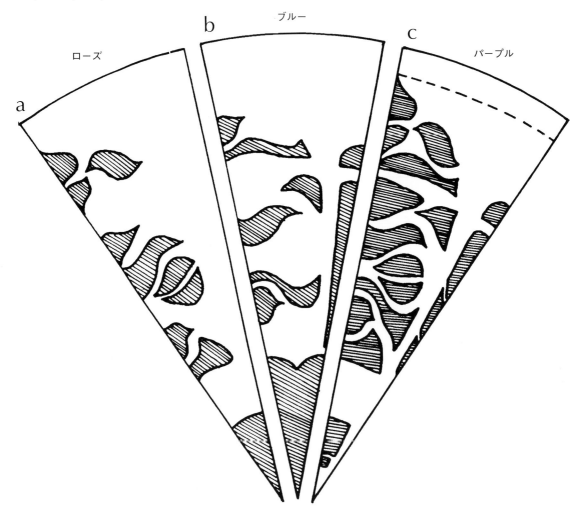

図-36

ローズウィンドウ3（図31・上　P107）

　図36（P112）のパターンも、ベースがホワイト、aがローズ、bがブルー、cがパープルです。
　ローズとブルーのパターンは、ローズウィンドウ2とほとんど同じです。パープルのパターンは、カットする部分が複雑になり、ローズウィンドウ全体が今までと違う雰囲気になります。
　今回製作した三種類のローズウィンドウは、すべて八弁でした。次は、図35（P111）のような十六弁のローズウィンドウを作ってみましょう。

十六弁のローズウィンドウ（図35　P111、図37）

　十六弁のローズウィンドウは、以下のような四色のローズウィンドウペーパーを使用します。使用する枠は大枠（内径23cm）です。

　　ベース　　ホワイト
　　第1の層　スカイ
　　第2の層　ブルー
　　第3の層　グリーン
　　第4の層　マリン

図-37

それぞれのローズウィンドウペーパーのウェッジのパターンは、図38に示してあります。図38のパターンは、aがスカイ、bがブルー、cがグリーン、dがマリンに対応します。四つのウェッジを開くと図37・右（P 113）の四枚のようになります。

　十六弁の窓の枠組みを形作るのはマリンで、その中に、ブルーが八弁、グリーンが八弁、それぞれ交互に納まります。

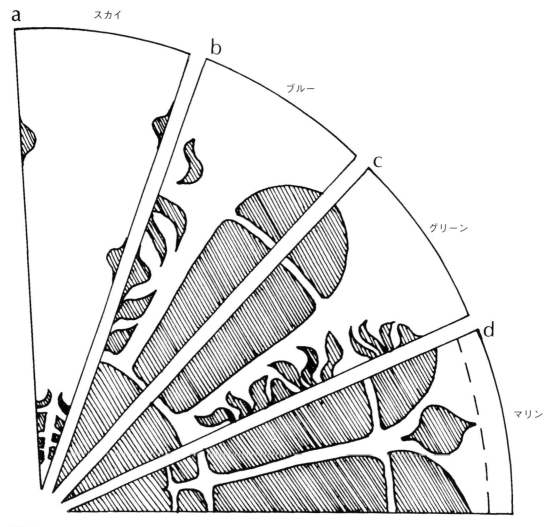

図-38

ゴシック式のローズウィンドウ（図40　P116）

　今度は、ゴシック式の聖堂のローズウィンドウをモデルにした作品を製作してみましょう。
　このローズウィンドウも十六弁で、四色のローズウィンドウペーパーを使用します。使用する枠は大枠（内径23cm）です。

図-39

図-40

116 ローズウィンドウ

図-41

ベース　　　ホワイト
　　第1の層　　パープル
　　第2の層　　チェリー
　　第3の層　　レッド
　　第4の層　　マリン

　それぞれのウェッジのパターンは、図39（P115）に示してあります。

　それでは、ローズウィンドウのそのほかの作品例をいくつか紹介します。

　図41（P117）は、透けて見えるパターンは中心部のみで、それ以外の部分は色の面で構成されています。

　図42（P120）は、花のパターンで全体をまとめてみました。

　図43（P120）は、民芸品のような、素朴な雰囲気が出ています。

ローズウィンドウを作るときの注意点

　この本に掲載されている作品の紙と、ご紹介している紙とのメーカーの違いによる色合いの違い、印刷による色の変化などにより、実際に出来上がる作品の色合いが違ってくることがありますので、ご了承ください。

　本書で示したローズウィンドウペーパーと同じ色の紙が見つからない場合は、それとよく似た色で代用してください。

　もしくは、ご自分のアイデアで新たな色の組み合わせを考えてみても楽しいでしょう。その場合は、基本として、かならず明るい色から暗い色へという順序で、ローズウィンドウペーパーを枠にのせていくようにしてください。

　また、作品を作る前に、使用する紙を重ねて光に透かし、十分な透明度が得られるかどうかチェックしてください。

　枠のベースとして貼る紙の色はホワイトがもっとも適しています。

　ホワイトはもっとも光を通す色であり、作品に豊かなコントラストを生み出します。ホワイトの代わりにベースを薄い青にすると、青系以外の紙は本来の色合いを失ってしまいます。

　ローズウィンドウの中心の部分は、細密に作らなくてもかまいません。

　ただ、周辺の部分に細かい装飾をほどこす場合は、中心付近にも緻密なパターンをつけた方がバランス的に見ていいでしょう。

　作品はなるべく直射日光が当たらないところに飾ってください。直射日光が当たると早く退色します。作品を吊るす場所としては、北向きか東向きの窓が適しています。ローズウィンドウペーパーには、湿気や水気も大敵です。

　作品に、水のしずくが直接かかると、しわになったりしますので、作品を飾るときは、窓ガラスの結露に注意してください。

　また、部屋の湿度や温度の変化が激しいと、作品が反ってくることもあります。基本形のところでも説明しましたが、枠を貼り合わせるときに、それぞれの枠の紙の方向（枠を軽く曲げてみて曲がりやすい方向）を揃えるようにすると、枠が反りにくくなります。

訳者解説　ローズウィンドウについて

　ヨーロッパの教会を訪れると、色とりどりのステンドグラスを目にすることがあります。このようなステンドグラスには、聖書の一場面を描いた人物画ふうのものもあれば、さまざまな模様を美しくいろどった抽象的なものもあります。
　なかでも、円を基調にした幾何学的な図形によって構成されているステンドグラスは、形が薔薇の花に似ているところから、ローズウィンドウ（rose window）と呼ばれています。また英語圏では、形が車の車枠を連想させるため、ローズウィンドウのことを「車輪窓（wheel window）」と呼ぶこともあります。形、色、ともに徹底的に計算され、洗練されつくしたローズウィンドウは、まさに、ヨーロッパの建築・工芸の粋ともいうべきものです。
　ローズウィンドウは、不思議な魅力を備えています。
　なぜローズウィンドウは、これほどまでに、人を引きつけるのでしょうか。
　ふだん私たちは、物体に反射した光をとおして、色彩を知覚します。私たちはいわば、間接的な光の反射に取り巻かれながら、生活しているわけです。
　これに対してローズウィンドウの場合には、私たちはじかに光源と向きあうことになります。ローズウィンドウを前にするときには、色は光となって目に飛びこんできます。つまりローズウィンドウをとおして、私たちは光そのものを直接見ることができるのです。このように考えていくと、なぜ昔から教会のような宗教的な空間に、ローズウィンドウが飾られてきたのかが、わかるような気がします。暗い教会のなかで、唯一光が差しこんでくる窓。光をとおして浮かび上がる色あざやかな、薔薇の形のパターン。そこに、ヨーロッパの人びとは、神や霊の作用をおぼろげに感じ取ったのに違いありません。人びとは、さまざまな色彩が織りなすハーモニーを目で味わいながら、その向こうに、光となって地上に降り注ぐ霊的な力を、感知したのでしょう。
　家庭で製作するローズウィンドウに関しても、同じことがいえます。
　たった一個のローズウィンドウを窓辺に吊るすだけで、部屋の雰囲気は一変します。それ自身のなかから光を放つローズウィンドウを見ていると、私たちの内面に、霊的なものに対する畏敬の念がおのずと湧きあがってきます。それはまるで、ローズウィンドウそのものから発する光と色が、私たちに目に見えない力の存在を告げているかのようです。
　光と色だけではありません。さらには、ローズウィンドウの幾何学的な模様が、宇宙的な法則性を私たちに予感させてくれます。昔からヨーロッパでは、円は宇宙的なものを象徴する図形としてさまざまな図像に使われてきました。ローズウィンドウは、そのデザインそのものが、神的なものによって貫かれた宇宙の秩序を暗示するように作られているのです。
　このようにローズウィンドウには、長い歳月をへてつちかわれてきた、ヨーロッパ人の霊的な世界観が反映されています。そして自分の手で作って飾ってみることによって、私たちはローズウィンドウの神秘的な力を実際に体験することができるのです。

図-42

図-43

訳者解説　クリスマスクラフトについて

クリスマス―。

それは特別のお祭りです。

その言葉を耳にするだけで、なんともいえず、おだやかでしあわせな気分になる方もたくさんおられることでしょう。

クリスマスは、洋の東西を問わず、世界じゅうの人びとに親しまれています。

なぜクリスマスは、これほどまでに人の心を引きつけるのでしょうか。

この解説では、まずクリスマスの起源を探りながら、このお祭りの独特の魅力について考えてみたいと思います。

そしてそのあとで、本書に登場するさまざまなクラフト作品について、クリスマスの意味と関連させながら、個別に解説することにします。

本来は12月25日ではなかったクリスマス

クリスマス（Christmas・Xmas）という英語は、本来「キリストの祭式」という意味です。ちなみにXmasのXはギリシア語によるキリストの頭文字を表しています。

一方ドイツ語では、クリスマスのことをヴァイナハテン（Weihnachten）といいますが、こちらのほうは「神聖な夜」というほどの意味で、どちらかというと英語よりもドイツ語のほうが、「聖夜」としてのクリスマスの本質をぴったりいいあてているような気がします。

いうまでもなく、クリスマスはイエスがベツレヘムで誕生した日であり、現在のキリスト教の暦では12月25日がクリスマスの当日と定められています。

ところが聖書をひもといてみると、意外なことに、イエスが12月25日に生まれたという記述はどこにも見あたらないのです。それどころか、聖書にはイエスがどの季節に生まれたのか、ということすら書かれていません。

キリスト教の歴史を調べてみると、クリスマスが12月25日と定められたのは四世紀になってからで、それ以前は、キリスト教徒は1月6日にイエスの誕生日を祝っていたことがわかります。

では1月6日が、ほんとうのイエスの誕生日なのでしょうか。

どうやら、そういうわけでもなさそうなのです。

『創世記』によると、人間は天地創造の6日目に創られたことになっています。初期キリスト教徒は、1月1日を天地創造の第1日目にあてて、人間が創られた1月6日を便宜的にイエスの誕生日としていたのです。実際には、イエスの正確な誕生日はわからないのです（なお東方の教会では、1月6日は、3世紀以降、キリストが洗礼者ヨハネから洗礼を受けた日とされるようになりました）。

では、なぜ四世紀になって、キリスト教会はクリスマスの日を12月25日に移したのでしょうか。

昔から、キリスト教徒以外の異教徒にとって、冬至の日は重要な意味をもっていました。たとえば古代の神ホルスやミトラの誕生日は、冬至の日とされていました。また北欧の人びとのあいだでも、冬至の日は、闇に食いつくされていった太陽

が、ふたたび勢力をもりかえす分岐点になる日として、重要視されていました。

どうやらキリスト教会は、異教徒たちを懐柔し、キリスト教に改宗させるために、異教徒たちの習慣を取り入れて、クリスマスの日を冬至の日の12月25日に移したようです。現在の暦では冬至の日は12月22日前後にやってきますが、当時の暦では、12月25日頃が冬至とされていました。古代から祝われてきた春分のお祭りがキリスト教に吸収されてイースター（復活祭）になったように、クリスマスも、キリスト教以前の宗教で重要視されていた冬至のお祭りと、イエス生誕の物語が結合することによって誕生したのです。

こうして、クリスマスが12月25日に移されるとともに、それまでイエスの誕生日とされてきた1月6日は、エピファニー（Epiphany 公顕節・三王の祭り）という祭りとして定められることになりました。『ネイチャーコーナー』にも解説されているとおり、エピファニーは、メルヒオール・バルタザール・カスパールという三人の王様が、それぞれ黄金と乳香と没薬の贈り物をたずさえて幼子イエスを訪問した日とされています。なお、『マタイによる福音書』では、幼子イエスを訪問したのは三人の王様ではなく、三人の占星術師ということになっています。

12月25日を新クリスマスとすると、さしずめ1月6日のエピファニーは旧クリスマスということになるでしょう。

ではここで、キリスト教の四季のお祭りについてまとめておきましょう。

キリスト教が生まれる以前から、古代民族のあいだで共通して祝われてきた、宗教的な祭りは四つありました。それはすべて暦と関係しています。

1　春分のお祭り（3月21日）　昼の時間と夜の時間が同じになる日。以後は、昼の時間が長くなる。

2　夏至のお祭り（6月22日）　昼の時間がもっとも長くなる日。

3　秋分のお祭り（9月23日）　ふたたび昼の時間と夜の時間が同じになる日。以後は夜の時間が長くなる。

4　冬至のお祭り（12月22日）夜の時間がもっとも長くなる日。

昼と夜のバランスから割り出された四つの祭りは、地球が一年をとおして生み出す、リズムと関連しあっています。古代の人間は、本能的な霊視能力をとおして、人間の魂も、このような地球のリズムと密接に関わっていることを感じ取っていたのです。

すでに触れたとおり、キリスト教会は異教徒を改宗させるために、伝統的な古代宗教のお祭りを、そのままキリスト教のお祭りに発達させました。その結果、キリスト教以降は、古代から伝えられてきた四つの祭りは、以下のような祭りに発展することになりました。

1　春分のお祭り→　イースター（春分の日後の最初の満月のあとの日曜日）
　　キリストの復活を祝うとともに、春の到来を喜ぶお祭り

2　夏至のお祭り→　ヨハネ祭（6月24日）
　　洗礼者ヨハネにちなんだ夏のお祭り

3　秋分のお祭り→　ミカエル祭（9月29日）
　　大天使ミカエルにちなんだ秋のお祭り

4　冬至のお祭り→　クリスマス（12月25日）
　　キリストの誕生を祝う冬のお祭り

クリスマスの霊的な意味

　このように、クリスマスは冬至の日とほぼ一致します。

　秋から冬にかけて、日没の時刻は日を追うごとに早まり、昼の時間は短くなっていきます。

　そして冬至の日に、太陽はもっとも低いところに位置し、昼の時間は一番短くなります。一年のなかで、闇が光を圧倒するのが冬至の日なのです。

　しかし冬至の日を過ぎると、太陽の位置は次第に高くなり、昼の時間が長くなっていきます。今度は闇に対して、光がじょじょに勢いを回復し始めるのです。

　つまり闇がもっとも深まる冬至の日は、逆に、これから光が強まっていく出発点と見なすこともできるわけです。

　このような光と闇のバランスの変化は、人間の内なる魂にも微妙な影響を及ぼします。秋が過ぎて、寒くて暗い冬がやってくるにつれて、人間の魂は次第に自己の内面に向かいます。そして闇が深まる冬至の頃、人間の魂はもっとも内向的になります。このとき人間の魂は、内面の一番深いところまで降りていくのです。

　しかし人間は魂の奥底に到達したとき、今度は逆に、光が蘇ってくるような感覚を覚えます。もっとも闇が深まれば、もうそれ以上、闇が勝つことはありません。深い闇の底に到達したとき、人間は、おのずと「もうこれ以上闇が増大することはない。これから先は、少しずつ光が闇に打ち勝っていくだろう」という予感を抱くのです。

　闇はじょじょに強まっていくときにのみ、私たちの魂を圧倒することができます。その強さが最高潮に達したら、あとは闇は後退していくしかありません。冬至の頃、私たちの魂は、このような闇と光のバランスの変化を、なかば無意識のうちに感じ取るのです。

　クリスマスのお祭りでは、ロウソクやランタンが灯されます。

　闇のなかに輝く小さな灯りは、私たちの魂のなかに灯った光の象徴です。ロウソクは、私たちの魂の光そのものなのです。

　一年のなかで、もっとも寒くて暗い時期にやってくるクリスマスに、私たちは、「もう、これ以上つらいことは続かないだろう」という予感を抱きます。クリスマスがやってくるということ、それ自体が、私たちにとっては恩寵なのです。そのために、キリスト教の洗礼を受けているかどうか、ということとは関係なしに、すべての人が、クリスマスというお祭りをとおして、おだやかな慰めの気分を感じ取ることができるのです。

　自然界に本格的に春がやってくるのはイースターの時期ですが、ある意味において、クリスマスの時期に、すでに春がやってくるための準備が始まっているといえます。冬のさなかにやってくるクリスマスと、春の到来を告げるイースターは、三か月しか離れていません。このわずか三か月のあいだに、自然界は、真冬の状態から春の始まりの段階へと大きな変化を遂げます。この劇的な変化の出発点となるのが、クリスマスです。

　クリスマスの頃、自然界は表面的には、寒さと闇に包まれているように見えます。しかし霊的に見ると、冬至の日を境として、闇のなかに、ぽっと小さな灯りが灯ります。この小さな灯りこそ、

三か月のちにやってくる、春の最初の前触れです。この霊的な光が、日ごとに少しずつ大きくなっていって、イースターの頃に、ようやく自然界で目に見える春となって、姿を現すのです。

クリスマスの灯りについて

では、本書に登場するクリスマスクラフトの解説に移りましょう。

まず、なんといってもクリスマスには、灯りを欠かすことはできません。

ヨーロッパでは、クリスマスの時期になると、町のあちこちにロウソクやランタンが灯されて、気分を盛り上げてくれます。すでに触れたように、このような灯りは、闇のなかに灯る、人間の魂の光の象徴です。そのためクリスマスクラフトでは、ロウソクやランタンの製作が大きな比重を占めることになります。

ロウソクには、大きくわけて、工業用のロウを固めたものと、蜜蜂の巣から採られた蜜ロウを原料としたものの二つがあります。この点に関しては、本書の本文でも解説されていますが、実際に火をつけて観察してみると、両者の質的な違いは歴然としています。

ロウのロウソクは光の効率がよく、蜜ロウのロウソクよりも、はるかに明るいのが特徴です。ロウのロウソクの炎は色温度が高いため、白っぽい感じに見えます。蜜ロウのロウソクの炎と較べると、ロウのロウソクの炎は、少しきつい感じがします。

それに対して、蜜ロウのロウソクの炎は、色温度が低いため、赤みを帯びて見えます。蜜ロウのロウソクは、ロウのロウソクに較べると暗いのですが、そのぶんだけ魂的な暖かさを感じさせてくれます。

ロウのロウソクは日常用あるいは防災用として適していて、蜜ロウのロウソクは芸術作品を飾ったり、お祭りの祭儀に使うのに向いています。もちろん蜜ロウのロウソクがなければ、ロウのロウソクで代用してもかまわないのですが、できればクリスマスのクラフトには、蜜ロウのロウソクを飾るのが理想的です。

ロウソク以外に、クリスマスクラフトに登場する灯りとしては、ランタンがあります。

ランタンとは、ロウソクを透明な紙やガラスのフードなどで覆ったもののことをいいます。日本の提灯も、ランタンの一種です。

ランタンのフードは、ロウソクの灯りが風で吹き消されないように守るだけでなく、模様を内側から照らし出したり、ロウソクの光の放射を一定の方向に向ける役割を担っています。またフードをつけることで、ロウソクの光は、より穏やかで落ち着いた感じになります。部屋のなかで、あるいは屋外で、ぽつりと灯っているランタンの灯りは、じつにいいものです。ランタンは、西洋の隠秘学では、古くから内的な魂の光や霊的な知恵の光を表す象徴として用いられてきました。神秘学の文献には、よく賢者がランタンを手にしている絵が出てきますが、このようなランタンは、無知の闇を照らし出す霊的な知恵を表しています。

三人の博士を導いた星

新約聖書の『マタイによる福音書』には、イエスがベツレヘムで生まれたとき、三人の占星術の博士が訪問したと記されています。このとき三人の博士を、幼子イエスのところまで導いたとされているのが星です。そのため、クリスマスのクラフトには、星がたくさん登場することになります。

クラフトに登場する星のうち、もっとも重要なのは、五芒星です。

五芒星（ペンタグラム）は、西洋の隠秘学ではミクロコスモス（小宇宙）を象徴するものとされ、古くから魔よけの護符として使われてきました。

　本書には、五芒星以外にも、八芒星など、たくさんの星が登場しますが、このような星のクラフトは、三人の博士を導いた星を表しているだけではなく、さらに宇宙的な力を象徴しています。

　幾何学的な図形は、宇宙のなかに存在する霊的な形態を反映しています。また星以外の、四面体や六面体などの立体も、宇宙的な力の形態を表しています。

リース

　クリスマスの時期には、西洋では家のドアなどにリースを飾ります。

　リースの素材としてよく使われるのは、モミやヒイラギなどの常緑樹です。

　リースは、昔から尊敬や名誉の印と見なされてきました。たとえば古代ローマでは、勝利者の頭に月桂樹のリースをかぶせて、その栄光を讃える風習がありました。そのほかリースは建造物や墓などにも飾られました。

　クリスマスの時期に飾られるリースは、まず何よりも、イエスに対する人びとの尊敬の気持ちを表しています。そしてそのほかに、クリスマスのリースは、キリストがゴルゴタの丘で磔になるときに、頭にかぶらされた茨の冠を象徴しています。

　つまりクリスマスのリースは、ゴルゴタで人類全体のために血を流したキリスト・イエスに対する、深い尊敬の念を表しているのです。

クリッペや透かし絵に登場するイエス誕生の場面について

　ヨーロッパには、クリスマスの時期に、クリッペといわれるジオラマや、透明な紙を使った透かし絵で、イエスの誕生の場面を表現する風習があります。クリッペや透かし絵によく登場するのは、厩にいるマリアとイエス・マリアの夫ヨセフ・天使・羊飼い・占星術師・三人の王などです。

　クリスマスのクリッペや透かし絵に登場する、これらの登場人物の役割について理解していただくために、ここでイエスの誕生にまつわる物語をまとめておきましょう。

　『ルカによる福音書』によると、マリアが聖霊によってイエスを身ごもったとき、大天使ガブリエルが姿を現し、受胎したことをマリアに告げたとされています。これが、西洋絵画のモチーフとしてしばしば取り上げられる「受胎告知」です。

　そののち、皇帝アウグストゥスが全領土の住民に住民登録をするように勅令を出したため、ダビデの血を引くヨセフは身ごもった妻マリアをつれて、ダビデゆかりの町ベツレヘムに向かいます。そして二人がベツレヘムにいるあいだに、マリアは一人の男の子を生みます。それが幼子イエスです。このとき、宿屋には部屋がなかったので、マリアは厩のかいば桶のなかにイエスを寝かせました。

　ちょうどその頃、徹夜で羊の番をしている羊飼いたちのもとに天使が姿を現します。天使は羊飼いたちに、救い主が誕生し、いま布にくるまってかいば桶のなかに寝ていることを告げます。天使のお告げに従って、ヨセフとマリアがいる厩を探しあてると、ほんとうに天使が告げたとおりだったので、羊飼いたちは神を賛美します。

　一方『マタイによる福音書』には、羊飼いは登場せず、ヘロデ王が三人の占星術師に命じて、ユダヤ人の王として生まれたイエスを探させたことになっています。占星術師は星に導かれて、マリ

アとイエスを見つけ、黄金・乳香・没薬を贈り物として捧げます。

そして占星術師が帰っていったあと、天使がヨセフの前に現れ、ヘロデ王がイエスを殺そうとしていることを告げたので、ヨセフはマリアとイエスを連れてエジプトに逃れます。この「エジプトへの避難」も、西洋絵画において好んで取り上げられる題材の一つです。

では、以上のようなイエス誕生にまつわる物語をもとに、本書に登場するクリッペや透かし絵、ロウソクなどの図案について、登場する順に解説することにしましょう。

図2の左から二番目のロウソクは、羊飼いたちのもとに天使が現れ、救い主が誕生したことを告げている場面を表しています。上のほうには、黄色で、顔と翼だけの天使がたくさん描かれています。

図2の左から三番目のロウソクには、左にマリア、真ん中にかいば桶のなかのイエス、右にイエスを礼拝する占星術師が描かれています。イエスの上には、占星術師をイエスのもとまで導いた星が輝いています。

右から二番目のロウソクに描かれているのは、イエスを抱くマリアで、上のほうには薔薇の木があしらわれています。

このようにマリアを描く際には、赤い服を着せた上で、全身を青いマントですっぽり包むのが決まりごとになっています。なお、マリアとイエスを訪問した三人の王を描く場合には、メルヒオールには赤のマント、黒人の王カスパールには緑のマント、バルタザールには青いマントを着せてあげて下さい。

図61の粘土のクリッペは、厩のなかのイエス誕生の場面を表しています。左にいるのがマリア、右に立って杖を手にしているのがヨセフです。

図67のクリッペは、ヘロデ王の迫害を逃れるために、ヨセフがマリアとイエスを連れてエジプトに避難する場面を描いています。ロバの背に乗ったマリアは、青いマントのなかに、しっかりと幼子イエスを抱きかかえています。

図70のクリッペは、厩のなかでイエスが誕生した場面を表しています。この図柄は、クリスマスのクリッペとしては、もっともスタンダードなものです。真ん中のかいば桶に寝かされているのが幼子イエス、その左がマリア、右に立って杖をついているのがヨセフです。このクリッペでは、さらに三人の羊飼いを配置します。

図68のクリッペは、図70と似ていますが、羊飼いは省略し、かわりにロバと牡牛を配置します。

クラフトワールドシリーズ愛読者の皆さまへ

当初全8巻刊行予定でしたが、『ローズ・ウインドウ』と『クリスマスクラフト』を合冊にさせていただき、全7巻でシリーズ終了とさせていただきます。どうぞご了承ください。また、愛読者の皆さまの生活の潤いに、本シリーズが少しでもお役にたてれば幸いに存じます。ありがとうございました。

イザラ書房編集部

※『ローズ・ウインドウ』オリジナル版収録の「透かし絵／メルヘンを作る・ランタンチャイルド」は、本書では割愛させていただきました。

訳者あとがき

　本書前半の『クリスマスクラフト』は、1990年にヨーロッパで発売されると、非常に好評をもって迎えられました。現在でも、シュタイナー教育関係のクラフトブックのなかでは、とくに人気のある一冊となっています。

　本書に登場するクラフト作品は、どれもシンプルではありながら、なんともいえない魂の暖かみを感じさせるものばかりです。ここには、表面上の効果のみを狙ったクラフト作品は一つとして登場しません。これらのクラフト作品は、すべてしっかりとした霊的な内実を備えています。本書で紹介されている、どんな小さなクラフト作品も、シュタイナーが提示した霊学的な世界観とつながりをもっているのです。

　最近は、やたらと大きなクリスマスツリーや、きらびやかなクリスマスのデコレーションがもてはやされる傾向がありますが、本書で紹介された作品を見ていると、このような素朴なクラフト作品こそ、クリスマス本来の精神にふさわしいのではないかという印象を受けます。解説にも書きましたが、一番大事なのは、私たち一人ひとりがクリスマスの霊的な気分をどこまで深く感じ取れるか、という点なのです。店でできあいのクリスマス用品を買ってくるよりも、一つひとつのクラフトを自分の手で作るほうが、クリスマスの雰囲気をより実感できるのではないかと思われます。とくに子どもにとっては、自分の手でクラフト作品を作ったり、飾りつけを手伝ったりすることが、とてもよいクリスマスの思い出になるはずです。

　どうぞご家庭や教育の場で、子どもたちといっしょにクリスマスのクラフト作りを楽しんで下さい。

　また『ローズ・ウインドウ』は、ドイツのリューベックに工房をもつクラフト作家ヘルガ・マイヤーブレーカーの代表的な著書です。この本では、女史がもっとも得意とする薔薇窓（ローズ・ウインドウ）作りの方法が懇切ていねいに紹介されています。マイヤーブレーカーは、長年の経験をとおして会得した薔薇窓作りのこつをすべてこの本のなかに注ぎ込みました。マイヤーブレーカーは本という形で伝えられるかぎりの「奥義」をすべて、ここに公開したのです。

　なお今回の日本語訳を出すにあたって、著者のマイヤーブレーカー氏から懇切ていねいな手紙をいただきました。マイヤーブレーカー氏は、日本語版が出ることをことのほか喜んでおられて、日本の読者の皆さんに自分が紹介する薔薇窓作りをおおいに楽しんでいただきたいとのことです。また、マイヤーブレーカー氏は日本の和紙にも興味をもっておられて、今後は和紙を使った薔薇窓の制作に積極的に取り組んでみたいとおっしゃっています。

2002年　麦秋

松浦　賢

訳者・監修者紹介

訳者：松浦　賢
1963年、京都生まれ。
東京外国語大学ドイツ語学科卒業。
東京都立大学大学院独文専攻博士課程満期。
訳書にルドルフ・シュタイナー『天使と人間』『霊学の観点からの子どもの教育』（イザラ書房）、ルドルフ・シュタイナー『テオゾフィー・神智学』『いかにして高次の世界を認識するか』（柏書房）等がある。

監修者：松浦　利子
1934年、福岡県生まれ。
文化服装学院で洋裁を学び、以後服飾研究家として洋裁・パッチワーク等の制作に取り組む。

tel.092-844-8164
fax.092-844-8174
mail: shop@perol.net
営業時間10〜18時（火曜定休）
〒814-0031 福岡市早良区南庄6丁目21-25-1F-A

ローズウィンドウを
日本に紹介して20年.

＊ペーパー色多数、各種枠取揃えております。

http://perol.net

クリスマスクラフト＆ローズウィンドウ ［改訂版］

シュタイナー教育クラフトワールド Vol.7

2002年7月25日 初版発行　2015年11月30日 改訂版第1刷発行
著　者　トマス・ベルガー／ヘルガ・マイヤーブレーカー
訳　者　松浦　賢
監　修　松浦　利子
協　力　井手　芳弘
発行人　村上　京子
発　行　株式会社イザラ書房
　　　　埼玉県児玉郡上里町神保原町569 〒369-0305
　　　　電話：0495-33-9216　FAX：047-751-9226　http://www.izara.co.jp
　　　　郵便振替 00100-8-148025
装　幀　古田ユリ
印刷所　株式会社シナノパブリッシングプレス
　　　　Printed in Japan © 2002　ISBN978-4-7565-0129-5　C0037

・製本には充分注意しておりますが、万一、乱丁落丁などの不良品がありましたら
　小社あてお送りください。送料小社負担でお取替いたします。
・この本の一部または全部を無断で複写転載することは固く禁じます。